中央経済社 ◆ 編

中小企業診断士の履歴書

金融業界出身者編

中央経済社

は じ め に

　中小企業診断士資格の業務範囲は，とても幅広いです。出身業界やスキル・年齢によってその活かし方も大きく違います。

　「苦労して取得した資格をどう活かそうか？」

　こう考えたとき，ロールモデルとなる中小企業診断士の先輩の話が聞きたいところですが……

　「なかなか同じ業界出身者に出会えない」

　「同じ業界出身という共通点だけでは，話を聞くのは難しい」

とも聞きます。

　そこで，本書は，「金融業界出身者編」とし，最初のキャリアを金融業界から始めた10人の中小企業診断士に執筆していただきました。

　金融業界出身者の中小企業診断士試験の合格率は，受験者全体よりも高いです。そして，中小企業診断士実務においては，金融業界の経験との親和性がありそうです。さらに，金融業界に副業解禁の流れがある今，副業としての開業を考える方も多いでしょう。

　本書が，これから中小企業診断士試験に挑戦しようとする方，勉強中の方，既に合格されて活かし方を検討されている方の参考になれば幸いです。

　2024年3月

中央経済社編集部

CONTENTS

＜参考＞中小企業診断士試験から登録まで

中小企業診断士になるためには，まず，中小企業診断協会が実施する第1次試験に合格することが必要です。

第1次試験合格後，次の2つのうち，いずれかの方法により，中小企業診断士として登録されます。

(1) 中小企業診断協会が実施する第2次試験合格後，実務補習を修了するか，診断実務に従事する。

(2) 中小企業基盤整備機構または登録養成機関が実施する養成課程を修了する。

中小企業診断士第1次試験
「経済学・経済政策」「財務・会計」「企業経営理論」「運営管理（オペレーション・マネジメント）」「経営法務」「経営情報システム」「中小企業経営・中小企業政策」の7科目

中小企業診断士第2次試験
＜筆記試験＞
試験科目：中小企業の診断及び助言に関する実務の事例Ⅰ〜Ⅳの4科目
＜口述試験＞

中小企業基盤整備機構または登録養成機関が実施する養成課程

実務補習
または
実務従事
（15日以上）

中小企業診断士登録（経済産業大臣登録）

※中小企業診断士の登録有効期間は5年間で，登録を更新するためには一定の要件を満たすことが必要です。

試験の実施予定の発表について

　毎年3月〜4月頃に試験の実施予定が発表されます。試験案内・申込書は，試験実施地区ならびに一般社団法人中小企業診断協会で配布されます。なお，日程は変更される場合がありますので，必ず官報公告または試験案内によりご確認下さい。

第1次試験について

　中小企業診断士になるのに必要な学識を有しているかどうかを判定することを目的として，企業経営に関する7科目について，筆記試験（多肢選択式）が8月上旬の土曜日・日曜日の2日間で行われます。

　令和4年の統計資料によると，合格率（合格者数÷申込者数）は全体で20.26％です。金融系勤務者（政府系金融機関・政府系以外の金融機関）の合格率は，21.78％とやや高めです。

第2次試験について

　中小企業診断士となるのに必要な応用能力を有するかどうかを判定することを目的とし，診断及び助言に関する実務の事例並びに助言に関する能力について，筆記試験及び口述試験を行われます。

　筆記試験は10月下旬の日曜日，口述試験は1月下旬の日曜日に実施されます。

　令和4年の統計資料によると，合格率（合格者数÷申込者数）は全体で17.84％です。金融系勤務者（政府系金融機関・政府系以外の金融機関）の合格率は，20.15％とやや高めです。

実務補習について

　実務補習は，合格者を対象に，15日間の実習方式で実施されます。1グループを受講者6名以内で編成し，指導員の指導のもと，実際に企業に対して経営診断・助言を行います。企業に対して，現場診断・調査，資料分析，診断報告書の作成，報告会を行います。

FILE 1

定年退職を見据えて副業開始。
独立後は故郷九州での仕事も！

池澤益彦

わたしの履歴書

▶現　　在：池澤ビジネス・コンサルティング
　　　　　　代表（東京都）
▶業務内容：経営相談や資金繰り・事業承継，
　　　　　　経営全般の顧問／行政書士として
　　　　　　許認可申請　等
▶登録年次：2018年（当時56歳）
▶受 験 歴：1次1回／2次2回

1961年	大分県佐伯市出身
1983年	一橋大学商学部を卒業後，金融機関に就職。数年後に住友林業に転職し，財務部・経理部・香港・経営企画部・住宅管理部・海外管理部などに所属
2016年	TAC通学コースで中小企業診断士試験勉強開始。1次試験合格（2次試験はBBDAで不合格）（TAC通学コース）
2017年	2次試験合格（BBAA）（MMC通学コース）
2019年	FP（1級ファイナンシャルプランニング技能士）合格
2020年	1年間休職（勤務先のキャリア開発プラン応募）して副業を本格化
2021年	行政書士試験合格（TAC通学コースを利用）。住宅メーカー（住友林業）を59歳で定年退職。中小企業診断士・行政書士として独立

これまでのキャリア

振り出しは銀行員

　大学は東京でしたが，もともと九州・大分の漁村出身であり，就職は九州の企業，できれば金融でなく実業を営む企業に就職しようと考えていました。ところが，私が就職する頃は丁度バブル経済の真っ只中でもあり，大手銀行の青田買いが盛んでした。大学で金融論のゼミに所属していたこともあり，九州の企業へ就活する間もなく，早々に銀行に内定しました。

　駆け出しの社会人として，1〜2年はバタバタと過ぎ去りました。ただ，少し落ち着くと，「金融は実際にモノやサービスを提供していないので，事業としての手触りがない」と感じ，就職前の希望を思い出すようになりました。

　そんな折，隣の銀行支店に勤務する後輩が，住宅メーカーの中途採用の情報を見つけてきました。「転職をする」と言っていたので，最初は「銀行員としてもう少し経験を積んでから……」と止めに入ったのですが，結局ミイラ取りがミイラになり，社会人4年目にして転職しました。

会社員としてのキャリア

　住宅メーカーでは，銀行経験者ということもあり，不本意ながら実業から少し離れた財務関連での仕事が長く続きました。財務以外では，連結会計や時価会計への移行などの会計ビッグバンが始まった2000年から，数年ほど経理を担当しました。そのほか，住宅関連部門，経営企画部門，海外部門の管理にも携わりました。

　具体的な業務としては，資金調達・運用を中心とした資金繰り，予算策定・管理などの管理会計，決算・税務などの財務会計，対外的な IR，海外事業や海外子会社管理，M&A といった事業開発などです。管理系の業務はひととおり経験したと思います。

中小企業診断士を志したきっかけ

自由な時間が増えたことが人生の転機に

　50歳になった頃は，ちょうど会社人生の中でも最も忙しく働いている時期でした。「新たな人生へのチャレンジの準備は50代のうちに終えておきたい」とぼんやり考えていたものの，日々の仕事に忙殺されていました。

　50代も数年過ぎた頃，私に転機がやってきました。自分で自由な時間を作れる部署・子会社の監査役に異動になったのです。

　これまでも，2～4年に1回異動してきましたが，ずっと「残業あり」「休日出勤あり」「時間外メール対応もあり」という状況でした。純粋に自由な時間をなかなか取れずにきました。

　いきなり自由な時間ができ，「自分には会社以外のことで時間を使う場（機会）が圧倒的に少ない」ことに初めて気づきました。「趣味が少ない」「地元地域での活動がない」「子供が手離れしている」「家内が働きにでている」といった具合で，時間を持て余したのです。

　まさに将来の「ぬれ落ち葉」候補の最右翼です（「ぬれ落ち葉」とは，定年退職後の夫が，特に趣味もないために，妻が出かけようとすると付いて来る様子を示します）。女性は，地域での友人関係や立ち位置がしっかり構築されているので，退職して自由時間を持て余す夫に付き合う暇はないのです。

　「人生100年の時代，これはまずい！何とかしないと！」と本気で思いました。

まずは趣味の充実を図る

　自由な時間の使い方として，まずは安直に趣味の充実を図ろうと，大型バイク免許取得にチャレンジしました。40歳で中型の免許は取得していましたが，大型への憧れがありました。そこで，足腰がしっかりしている間に取得しようと考えたのです（ちなみに，私の通っていた教習所の現在の料金は，中型免許（普通二輪・400CC以下）・大型免許（限定解除・400CC超）共に10万円強，教習時間は両者とも12～3時間でした）。

バイクは，両手・両足，体それぞれすべてを使って運転するのでスポーツの様な感覚があり，走っているときは風や匂いを感じることができて爽快感もあります。教習所に行くのが待ち遠しく，ようやく自由な時間を満喫できました。

　少し，脇道に逸れました。まず第一歩はこんな感じでした。資格取得から独立までの歩みは，この段階ではあまり視界に入っていませんでした。

人生の折り返し，50歳の悩みは深く

　大型免許取得で自由な時間を充実させることができたものの，「趣味を充実させるのはよいが，それだけでは将来生活できない」という不安もありました。そこで，「50歳からの独立」についてネットや雑誌で調べ始めました（以下は，当時に私が見ていた情報とは違いますが，状況はあまり変わっていないと思いますので，その内容をかいつまんでお伝えしたいと思います）。

①　50歳からの独立の実態

　2020年版の中小企業白書には，「フリーランスとして独立した時の年齢」が示されています。驚くことに，男性の場合，50歳からの独立がほぼ半数です。想像ですが，子育てや住宅ローンが片付き，所得減少のリスクを取りやすくなるからなのかもしれません。

　起業分野は，全年齢ではさまざまです。ただ，50歳以上の起業分野は，「経営コンサルタント」の割合が顕著に高いです。自分の専門性を棚卸して，今まで培ってきた職歴を活かしているのだと思います。

　50歳以上である私も，将来「コンサルタント」としての独立が想定されると思いました。「強み」を活かした専門は，勤めていた会社が住宅会社なので建設分野か，資金調達や運用，予算書や経営計画作成の職歴が長いので財務・経理分野か，漁村出身に関連し水産業に関する知見を活かした分野か……と考えていました。

②　やはり起業には「資格」に裏打ちされた「強み」が必須

　「強み」を活かした専門をアピールしようと考えたとき，「住宅業界の知見」や伝票入力からM&Aまでの幅広い「財務・経理の経験」など，自負するも

4

のがあるものの，それらを立証する客観的な指標がないことに気づきました。すべてが「自称」にすぎません。

今までは，サラリーマンとして，会社の看板を背負い，会社名から名乗って名刺交換をする人生を歩んできました。それが，いきなり「自分の看板」でコンサルタントを名乗り，生計を立てなければいけないのだと考えたとき，これは非常に大変なことだと思いました。

また，独立してうまくいかない場合，年齢的に再就職は困難で，失敗もできません。徐々に「次の一手と」して，資格取得をしてみてはと思うようになりました。

そんな時に中小企業中小企業診断士！

資格取得について考えていた時，ふと書店で目に留まったのが「中小企業診断士」の資格パンフレットでした。

郷里の大分県へ帰省のたびに思うことがあります。私の生まれた町・県南にある佐伯市が年々寂れてきているのです。商店街を歩くと，シャッター街化が進行しており，実家の周りも空き家が増加しています。また，昔は子供の遊ぶ姿が見られた生家のある漁村も，今では人影の少ない街並みが続いています。

中小企業診断士のパンフレットを見ると，地域創生・創業支援・事業継続・商店街再生等々，まさに地域の課題に真摯に取り組む士業だと感じました。若い時代に憧れた九州での仕事もできそうだと思いました。

それから，大手受験校へ受講の申込をするまで，時間はそうかかりませんでした。

中小企業診断士資格の魅力

「名称」独占資格で足の裏の米粒と言われるが…

試験勉強を始めるまで，中小企業診断士が何をしているかを知りませんでし

た。何たるかを知った後も，中小企業診断士が独立できる資格なのかも疑問でした。

中小企業診断士は，経営コンサルタントとしての唯一の国家資格です。

ただ，税務申告の代理は税理士しかできないとか，弁護士は刑事裁判の弁護人になれるとかいうような「業務独占資格」ではありません。単なる「名称独占資格」です。経営コンサルタントには，資格がなくてもなれますし，資格がなくても活躍している方も多数います。

中小企業診断士資格は，自虐的に「足の裏の米粒」と揶揄されたりもします。その心は「資格を取っても食えない」との意味です。

でも，本当にそうでしょうか？

その割に高いハードルと勉強の面白み

業務独占資格がない割に，試験のハードルは高いです。

まず，1次試験は範囲が広く，「経済学・経済政策」「財務・会計」「企業経営理論」「運営管理」「経営法務」「経営情報システム」「中小企業経営・政策」と7科目もあり，2日間にわたりマークシート試験が行われます。

2次試験は，「組織・人事」「マーケティング・流通」「生産・技術」「財務・会計」と4科目ですが，1科目80分で丸1日かかる筆記試験があります。さらに，口述試験と実務補習15日間を終え，初めて登録可能となります。

とはいえ，試験勉強の内容そのものが面白いという点があります。これほどビジネスに関係する経済学から法律まで幅広い知識を体系的に習得できる資格試験は他にありません。受験勉強は長くつらいですが，意外に勉強に飽きがきません。法律やITなどの記憶科目に疲れたら経済学で頭を使い，財務の計算に疲れたらマーケティングの勉強をするというように脳の使い分けができます。また，学んだ知識をすぐに会社の現場で活かすこともできます。

独占業務がなくても大丈夫？　意外に多い公的機関からの仕事

中小企業診断士協会が「中小企業診断士活動状況アンケート調査」を2021年

5月に発表しています。

この中で，「コンサル業務の依頼のキッカケの上位5つ」という項目があり，その回答の第1位が，「中小企業支援機関・商工団体等からの紹介」でした（24.8％）。

中小企業診断士は，経産省が中小企業支援法に基づいて実施する国家資格です。経産省の傘下にある商工会議所・商工会などの支援機関からの依頼があるのです。

独占業務はありませんが，他の士業のように国家資格なのに官に関係する仕事がないかと言うと，そうではありません。もちろん個々の中小企業診断士自身の能力に対する評価の結果ではありますが，この資格を調べるほど，「独立をしても受注面で極端に苦労することはないのでは」と思いました。

中小企業診断士のネットワークからの仕事も！

同じアンケート調査によると，仕事獲得のルートは「他の中小企業診断士の紹介」が第2位です（10％以上）。

普通は仕事を紹介する前に，自分が抱え込んでしまうことが多いように思えるのに，中小企業診断士からの紹介が2番目に来ているのはなぜでしょうか？

それは，中小企業診断士の業務範囲が多彩だからです。いくら幅広い知識をもっていても，すべての企業のニーズに応えられるスーパー中小企業診断士はいません。必然的に，自分で対応できない仕事はほかの中小企業診断士を頼らざるを得ないのです。

そして，中小企業診断士は非常に横のつながりが強いです，中小企業診断士協会傘下には，さまざまな領域の研究会があります（私は，これは仕事の性格上で自然発生的に生まれてきている現象だと思っています）。

中小企業診断士資格の1番の魅力はこの横の繋がりではないでしょうか。究極の異業種交流会なのでは，と思っています。

中小企業診断士資格が，「足の裏の米粒」ではないことが，おわかりいただけたでしょうか？

中小企業診断士試験について

50歳以上が通学を選ぶメリット

　学習開始にあたり，まず悩むのが，独学か通学・通信かだと思います。

　私は，合格後の1年間，受験生応援の最大のボランティア組織「タキプロ」で受験生向けの支援をしていました（当時，合格1年目の中小企業診断士100名以上が，このボランティアに参加していました）。その仲間のイメージでいうと，独学と通学・通信の割合は半々といった感じでした。

　ただし，50歳以上の受験生に限って言うと，通学もしくは通信を利用することをおすすめしたいと思います。近隣に受験校があれば通学がベストだと思います。その理由は多々あります。

① 効率的に勉強できる

　まずは，効率的な勉強による時間の節約です。独学では時間をかけて勉強すべき分野とそうでない分野の強弱をつけるのが難しいからです。受験校ではプロの講師が研究して教えてくれます。また，受験校のテキストは，習う順番も含めて必要最低限の勉強時間で合格できるように工夫がされています（私の場合，受験校の教科書や模試以外は利用しませんでした）。

② 費用対効果

　次に，費用対効果です。中高年は，お金はあるが中間管理職なので忙しく時間がない，また記憶力や視力の低下を実感していると思います。私見ですが，お金を惜しむのでなく，できるだけ短い勉強期間で受かる通学が，結局のところコスパ・タイパがよいと思います。

③ 勉強仲間

　勉強仲間ができるのも通学の大きなアドバンテージです。1年もの長い間，勉強していると，甘えが生じて「まあいいか，今日は勉強しなくても」と思うこともあります。しかし，通学クラスに仲間がいると，「あの人も頑張ってい

るんだ」と怠け心を防いでくれます。

　さらに，中小企業診断士に合格してからのつながりにもなるので，通学がおすすめです。

学校について

　1次試験については，通学で合格実績数を誇るTAC，LECなどが有名です。通信では，クレアールや比較的価格のお手頃なスタディングもあります。

　2次試験については，MMC，ASS，TBC受験研究会などの専門校もあります。

　ちなみに，私の場合，1年目は1次試験・2次試験共にTACの通学，2年目はMMCの通学でした。

勉強時間について

　中小企業診断士のストレート合格には1,400時間ほどの勉強が必要と言われます。

　10月から勉強スタートするならば，2次筆記が終わるまでの1年1カ月で1,400時間を確保するためには，平均で1日3.5時間の勉強が必要です。平日3時間で土日6時間の勉強を1年間続けるイメージです。通学の場合，1週間で5時間程度の授業時間がありますので，授業を除いて毎日3時間の勉強をすることになります。

　大変ですが，マラソンと同じで，ルーチンとして勉強を続けていると，実はそんなに苦ではありません。

　私の場合は，朝1時間，昼30分，夜2時間，土曜日6時間，日曜日（授業）5時間といった感じでした。

　朝は1時間早く起きて家もしくは会社近くのカフェ，昼は会社の机，夜は受験校の自習室で2時間，土曜日は図書館といった場所で，勉強していました。通勤電車の中では，授業の音声配信を聞いていましたが，これは勉強時間に含めませんでした。

勉強場所について

　私が通ったTACの自習室は便利で，朝９時から夜21時半まで利用できたので，夜や日曜日の授業の前後で利用しました。新宿校に通っていましたが，時々でいろいろな場所の校舎が利用できました。

▶有料自習室

　２年目はMMCに自習室がなく，職場から至近距離に有料自習室を借りました。賃料は１カ月1.1万円とリーズナブルでした。

　職場から徒歩10分弱と近かったのが大正解でした。早朝，昼休み，終業後にフルで活用できました。カフェを１日２回×20日間利用する値段でおつりが来て，かつ勉強道具を広げっぱなしで離席でき，帰席後すぐに取りかかれるメリットもありました。

勉強開始時期について

　中小企業診断士は，８月にマークシートの１次試験，10月に筆記の２次試験があります。１年ほど受験勉強に時間を使うとすると，直近の１次マークシート試験の傾向を織り込んだ教科書が出来上がる１年ほど前の９月・10月開講の講座から始めるのが一般的です。独学もこのパターンだと思います。それゆえ，７～８月くらいから受験校や独学の教科書の下調べをするような感じで始めるのがベスト・タイミングだと思います。

　ただ，会計の知識に不安のある人は，年初から６月にある簿記２級試験を目指すのもよいでしょう。会計やファイナンスの知識があると，負荷が大幅に軽減されるからです。合格まで４～５カ月かかるので，勉強癖を付ける意味でもメリットがあります。

　ただ，「10月になったら始めよう」などと思っていると，社会人は忙しさにかまけて，いつの間にか「その想い」を忘れがちです。とりあえず書店へ行っ

て，1次試験7科目のうち，興味持てそうな科目の教科書を1冊買ってみて，読み始めるのをおすすめします。

合格するまで

1次試験への取組み

　私はバイクの免許を取るように，気軽に受験勉強を始めました。ただ，50歳を超える自分には，結構きつい試験だと途中で気づきました。辞めようと思ったこともありますが，妻に見栄をきって始めた手前，途中で辞めるわけにはいきません。そんな中高年受験生の戦略（？）について，書きたいと思います。

①　学習時間をエクセルに記録
　試験勉強から遠ざかって長いので，勉強癖やペースを掴むためにも受験校に入り，必ず出席するよう努力しました。リズムという意味では，日次ベースで学習時間をエクセルに記録しながら，1日に必要な勉強時間3時間半の見える化を図りました。時間が蓄積して目標の1,400時間に近づいていくのを見ると勉強の励みにもなりました。

②　毎月のテストをペースメーカーに
　年齢的に記憶力が衰え始めているので，ほぼ毎月ある受験校の各科目講義終了後の確認テストはできるだけ高得点を目指し，試験直前の復習の負荷を減らすようにしました。

2次試験への取組み（1年目）

　2次試験の勉強は突然始まりました。私が受験した年は，1次試験の「経営情報システム」が大荒れでした。ITを苦手とする私にはつらく，自己採点で32点だったので，当時噂されていた4点加点があっても，各科目に設定される足きりの40点を超えるのは無理だろうと1次敗退を覚悟しました。そこで，

IT 知識の積み増しのため，10月開催の基本情報技術者試験の勉強をしていました。

　ところが，特例の4点の加点は想定内でしたが，どういう訳か1次試験を通過しており，幸運な想定外となりました。

　一方で，私にとって，残り1カ月間で合格を勝ち取れるほど，2次試験は甘くありませんでした。そもそも解法がブレブレで，1日1～3時間，週末6時間と勉強時間だけはかけたつもりでしたが，結果は当然に不合格でした。

2次試験への取組み（2年目）

①　2次対策専門校のMMCへ通う

　2次試験不合格後の虚脱感の中，気を取り直し，積極的に複数の受験校の説明会へ参加して，自分にあう受験校を決めることにしました。私にとっての決め手は，MMCの標準化されわかりやすい解法と，高い合格率でした。某受験ブログに「MMCの通学コースはすぐに定員いっぱいになるので，早めの申込が肝心」という記事があったので，12月半ばには既に受講を決めていました。

②　悪筆対策（同じような悩みを持つ方へのご参考）

　2次試験の出題形式は，企業の「事例」が4ページ程度の問題文として提示され，その事例に関する問題が4～5問程度出題されます。また，各解答には100字前後の字数制限があります。

　ただ，80分の制約時間のなかで解答を考え，採点者が読める字を書くことは，生来の悪筆では非常に難しく感じました。初期段階では，問題文を4色ほどのマーカーで色分け・各設問への解答骨子を書き出してから，書き始めていました。しかし，読める丁寧な筆記を心がけると，明らかに時間不足となり改善が必要でした。

　そこで，思い切って色分けや骨子の作成を止め，十分な時間を「筆記」へ振り当てることにしました。具体的には，設問や問題文の読み込み段階で，設問と問題文の段落の紐付けと並行し，イメージしたキーワード（経営学等の専門用語）を修飾する問題文中の重要語を鉛筆でラフにマーキングし（ここまでで，20分），その後，設問に従い，キーワード問題文から引用する修飾語を，単色

マーカーによる色付けで抜き出した上（50分を目安）で，時間をかけ丁寧に記述するようにしました。

合格のために特に留意したこと

①　授業には何が何でも出席し，最前列に近い定位置に着席

　最前列から3番目までくらいの席に座っていると，授業の最中に質問される頻度が高まります。授業への集中度がだいぶ違った気がしました。一方で，ほかの受験校の講座やテキスト，模試は，定着した解法がブレるので，まったく利用しませんでした。

②　財務の問題を，毎日1問は解く

　2次試験の財務・会計（事例Ⅳ）は比較的得意なほうでしたが，ポカミスも多くありました。そこで，解法を標準化するために，毎日問題を解きました。

③　宿題の提出や模擬試験等の見直し

　宿題の提出や模擬試験等の見直しは，すぐに行うことにしていました。仕事で忙しかったりすると，ついつい提出や見直しが滞ってしまい，いったん提出しなくなると，自分の性格上，その後もズルズルとサボってしまいそうでした。

④　食事について

　模試や本番の昼食は，お握り1つとチョコ少々，休み時間にチョコや固形のブドウ糖を口に入れて済ますことにしました。食後に眠くなったりしやすい方におすすめです。

　体質の点では，老眼対策として，ロート製薬の「ロートV5」のサプリを飲んでいました。効果は「視力が悪化はしていないかな……」程度でした。

⑤　リフレッシュについて

　長丁場の試験勉強です。適宜休息が必要で，犬の散歩，スーパー銭湯，映画鑑賞，友人との居酒屋で，時々気分をリフレッシュしていました。

　また，家族の協力なしには受験勉強を続けられません。常に感謝の心を忘れ

ないようにしていました。

合格してから

副業解禁の気運が追い風となる

　中小企業診断士の合格証をもらう頃，ちょうど世の中の労働環境に変化が起こっていました。会社員の職の選択肢に「勤め上げる」「転職」「独立」に，「副業」が加わったのです。モデル就業規則も，「原則副業可」に書き換えられられました。

　現在も，労働力の流動化を目的に，「副業の解禁」を行っている企業は増加の一途です。副業を考えている方は一度人事部へ問い合わせてみると，意外にOK が出る企業も多いようです。

　個人的にはこの動きは歓迎でした。言葉は悪いですが，「副業」で「職のお試し」ができるのは魅力だと感じました。

副業許可の申請

　中小企業診断士は登録後5年ごとに登録の更新申請が必要です。更新にあたっては，30日間以上の実務従事の要件があります。

　この中小企業診断士資格維持のための実務従事の要件を理由として，所属会社へ「副業許可の申請」をしたところ，許可が得られました。モデル就業規則改定後の初の許可であったのではと思います。

　※実務従事要件は無給ボランティアでもカウントしてくれますが，有給の独立中小企業診断士の市場をボランティアが荒らすことになるので，あえて有給での副業の許可を得るようにと考え，人事部を説得しました。

副業としての活動

　比較的自由な時間が取れる立場でしたが，会社員としての仕事を優先してい

たため，副業は順調とは言えませんでした。登録初年度は企業診断業務とアンケート調査の２件だけでした。その翌年も企業診断業務２件と補助金申請業務１件の３件と低調でした。

ハードルとして，企業を訪問する時間の確保があります。平日の任意の日・時間に企業を訪問するためには，有給の取得が必要ですし，継続支援を行うためには，１社あたり最低でも月１回半日の休暇の取得が必要となります。補助金申請支援では夕刻に Zoom を利用して接点を持つことができますが，最低１回はリアルの面談が望ましいでしょう。

ただ，少ないながらもこの副業経験により，独立後の業務負荷と所得稼得のイメージをすることができました。

独立開業準備としての FP１級・行政書士

副業をコツコツ継続しつつ，「59歳までには独立する」と決めて，スキルアップを行うことにしました。

独立後の専門性強化として，１級ファイナンシャルプランニング技能士と行政書士を取得する目標を立てました。

FP１級は銀行員３年と15年超の企業財務経験を活かした知見に磨きをかけるために，行政書士は勤めていた会社が住宅会社だったのでコンサルタントの専門領域を建設業とした場合に建設業許可申請の代行ができるため一気通貫の支援ができると考えたためでした。

次なる資格・行政書士への挑戦について

57歳から行政書士試験に挑戦

FP1級はかなり業務上の知識が役にたち，４カ月ほどの勉強で１次の筆記が，２次の面接もどうにか一発で合格できました。

行政書士の勉強を始めた年齢は57歳を迎えた秋からでした。行政書士のストレート合格には，法律知識の素養などを勘案して個人差がありますが，600〜

1,000時間の勉強が必要です。1日平均で3時間の勉強をして，1,000時間を確保すると仮定すると，11カ月強の期間が必要となります。11月上旬が試験日なので，この想定でいうと前年10月から勉強を始めると比較的楽に所用時間を確保できるだろうと考えました。

　中小企業診断士の後，FP1級，行政書士と続けて受験を続けたのが功を奏し，勉強を続けるのは苦ではありませんでした。また，ちょうど名古屋に単身赴任していたので，勉強時間を比較的確保しやすい状況でした。

　具体的には，中小企業診断士受験と同様，TACの名古屋校へ通学して勉強を開始しました。途中で東京へ帰任しましたが，転校して通学を続けました。

行政書士試験と中小企業診断士の難易度

　行政書士試験の合格率は10％前後，中小企業診断士試験は1次・2次のかけ算で5％前後となっています。数値だけ並べると，中小企業診断士が難しいように思えますが，決してそうではないと思います。

　行政書士はマークシートがメインですが，3問ほど40字記述というものがあります。中小企業診断士は1次試験はマークシートですが，2次試験は筆記試験で文字数もかなり多いです。

　私の場合，元々あまり記憶するのが得意でなかったので，中小企業診断士試験のほうが，行政書士試験よりも取り組みやすかったです。加えて，経理・財務畑のサラリーマンだったので，財務・会計は好きな科目で勉強が苦にならなかったのも大きかったです。

挑戦して損はない資格！

　中小企業診断士も行政書士も，ほぼ10人に1人しか合格しない資格です。それゆえ難関資格と言われますが，真面目に勉強して臨む人は肌感覚として1/3程度です。それを勘案すると，3人に1人が受かる試験とも言えます。

　社会人が受験する資格なので，細かい点を突くような問題はあまり出ていない気がします。数年かかるかもしれませんが，真面目に勉強を続ければ多くの人が合格できる試験だと思います。

私の周りの行政書士は，建設業・飲食店の許認可取得や，相続などの民事系の仕事，外国人の在留資格申請，芸術家の経営コンサル，ドローンの飛行許可取得，補助金申請支援など，さまざまな分野の仕事をしています。1万種類の行政関連等の書類を扱える資格なので，挑戦して損はないでしょう。

独立開業

退職前のキャリア開発休暇制度

　私が勤めていた会社では，定年前退職者に手に職をつける時間を与えてくれる「キャリア開発プラン」という制度がありました。退職を条件に，最長1年間まで基本給与をもらいながら休職できます。

　59歳の年の6月末までこの制度を利用し，独立開業準備と行政書士試験の勉強をしました。運よく行政書士試験に一発で合格できたので，制度終了時には行政書士登録を済ませ，中小企業診断士・行政書士事務所を開設することができました。

独立準備を開始

　休職中は，行政書士の勉強と並行し，中小企業診断士の仕事を本格化させていきました。

　商工会議所や商工会の公的仕事を積極的に受けました。具体的には，販売促進や経営計画の作成に係る経営診断・支援業務や補助金申請支援業務，コロナ禍対策として中小企業支援機関が行う事業者支援のサポート業務などを経験しました。幸運にも，会社員の給与と中小企業診断士の謝金で，この制度利用前の給与と同じレベルまでとなり，新人中小企業診断士として無事に離陸できました。

これから

現在の仕事内容

　中小企業診断士・行政書士事務所であるものの，現在は中小企業診断士の仕事がほぼ100％です。ただ住宅メーカーという経歴から，建設業関連のコンサルタント業務が多いです。建設業許可申請業務はあまり受注していませんが，行政書士としての知見はかなり活かせていると思います。

　コンサルタント業務や建設業許可申請業務以外では，商工会の窓口相談業務，市場調査レポート・金融関係の記事・水産業関連の業界レポート等の執筆，セミナー講師などをしています。

念願の九州での仕事

　特筆すべきは，ついに，若い時代に憧れた九州での仕事ができていることです。昨年から出身地である大分県の事業承継・引継ぎ支援センター[※]に毎月10日間ほど職員として勤務しています。今も東京をベースに仕事をしていますが，大分にも事務所を持って毎月往復しながら仕事をしています。

> ※後継者不在・M&A 先が見つからないとか，親族への承継をどのようにすれば良いかといった事業承継について悩みを持つ企業経営者が非常に増えています。この課題を抱える経営者のサポートに取り組んでいるのが，経済産業省が各都道府県に設置した「事業承継・引継ぎ支援センター」です。

　実は，このセンターの仕事は，中小企業診断士仲間からの紹介によるものです。懇意にしていた東京の中小企業診断士が紹介してくれた大分の中小企業診断士が仲立ちをしてくれて，獲得できた仕事でした。2人は，法政大学の中小企業診断士登録養成課程を修了した仲間だったそうです。私が「大分での仕事に興味がある」と言ったことを覚えていてくれ，橋渡しをしてくれました。これはまさに，中小企業診断士の仕事獲得ルートが「他の中小企業診断士」ネットワークからという，典型的な事例の1つと言えるでしょう。

大分の仕事がスタートして2年程になりますが，センターの仕事以外にも少しずつ仕事を紹介してもらえるようになりました。

　例えば，大分県と長崎県，佐賀県の中小企業診断士協会が毎年1回共同で泊りがけの勉強会を開いて，一昨年は長崎で開催されたのですが，その際に移動の車で同乗した中小企業診断士から，半年間にも及ぶ大型の経営支援プロジェクトを紹介してもらいました。

　当面は東京と大分半々で仕事をしていくつもりですが，同じ大分でも，生まれ故郷である県南・佐伯市（九州最東端の市，写真）に関わる仕事を増やしていきたいと思っています。

▼九州最東端，佐伯市

　私1人の力で何ともなるとは思っていませんが，事業承継や創業支援の仕事を1つひとつお手伝いするなかで，1歩でも2歩でも町が元気になることに貢献できれば嬉しいと考えています。

Message

　私は，銀行を振り出しに，企業の財務関係部署に長らく身を置いた中小企業診断士です。

　お客様の企業から仕事をいただいて，中小企業診断士がまず最初に行う作業が財務分析を伴う企業診断です。これをベースに，販売促進や生産改革などの提案や支援をしていくことになります。まさに，金融機関出身者や企業財務経験者が一番得意とする財務分析が，支援の「はじめの一歩」です。

　家を建てる時に基礎を最初に作ります。この基礎に問題があるとよい家は建ちません。同じことが企業支援にも言えます。

　財務分析がその基礎部分となります。この分析がしっかりしていないと，その後の支援が間違ったものになります。その意味で，金融関係の仕事をしてきた人にとって，中小企業診断士ほど向いている資格はないかと思います。金融機関の多くが中小企業診断士資格取得を推奨しているのも頷けます。

　また，試験勉強の点でも一日の長があります。受験生が多くの時間を割く科目が，1次試験の財務・会計と2次試験の事例Ⅳ（財務・会計）です。金融関係の仕事をしていた人の多くは得意だと思います。受験勉強の点でも大きなアドバンテージがあります。

　中小企業診断士の勉強は長く辛いものと思われがちですが，さまざまな分野に及ぶ勉強は結構楽しいものでした。

　合格の暁には，財務分析の知見がさっそく企業支援へ活かせることでしょう。

　中小企業診断士となった皆様とお会いできる日を楽しみにしています。

FILE 2

金融機関のキャリアを活かし，社外 CFO として企業支援

伊藤一彦

わたしの履歴書

- ▶ 現　　　在：アナタの財務部長合同会社代表社員（東京都）
- ▶ 業務内容：複数中小企業の社外 CFO や常勤監査役を務める
- ▶ 登録年次：2019年（当時53歳）
- ▶ 受 験 歴：1 次 3 回（すべて合格）／ 2 次 4 回

1966年	神奈川県横須賀市生まれ
1989年	東京大学卒業後，日本興業銀行（現みずほ銀行）に入行。本店・支店での融資業務，リース子会社でのリースビジネス，ベンチャーキャピタル子会社でのスタートアップ投資や複数のファンドやベンチャーキャピタルの立ち上げ等のキャリアを経験
2015年	49歳で中小企業診断士試験勉強開始
2018年	中小企業診断士試験 2 次試験合格
2019年	中小企業診断士資格を取得したことを機に，ベンチャーキャピタルに勤務しながら副業としてコンサルティング業務を開始。
2020年	「アナタの財務部長合同会社」を設立
2022年	56歳でベンチャーキャピタルを退職し，独立。パートナー CFO や常勤監査役として企業支援に奔走

保有資格 健康経営エキスパートアドバイザー（東京商工会議所認定）／認定上級 IPO プロフェッショナル（日本 IPO 実務検定協会）

これまでのキャリア

東大卒業後，日本興業銀行に入行

　東京大学経済学部を卒業後，1991年に日本興業銀行（現みずほ銀行）に入行しました。『オレたちバブル入行組』（文藝春秋）の著者，池井戸潤氏より少し後の世代です。日本興業銀行が「産業金融の雄」といわれ，大手邦銀やNTTなどが時価総額上位を占め，日本の貸金業の社長が米国でトランプタワーを買い占めたりするような時代でした。

　しかし，入社したとたん，尾上縫事件のような巨額詐欺事件や住専問題などの不良債権問題が顕在化します。

　そのような環境下で，主に法人融資を担当，地方支店，都内支店を経て本店営業部などで中堅・大企業向け融資や，外為・デリバティブの提案営業を経験しました。

みずほ統合の直前，リース会社に出向

　本店営業部の部内では2，3番目くらいに収益を稼ぎ，順風満帆に思えた2003年，関連リース会社に出向を命じられます。みずほ統合の直前でした。

　私にとっては青天の霹靂の人事で，家族と海外旅行に行くという話を副部長にしたところ，「君は旅行から帰ってきたら出社も引継ぎもしなくてよいから。旅行に行く前にこのリース会社に挨拶に行っておいてくれ」と言い放たれました。

　武士の情けか，出向先では，希望していた業種・業界の担当部署に配属となり，メディア・情報・通信業界向けのファイナンスリースや割賦販売などに取り組みました。いわゆるベンチャー企業も多くあり，みずほキャピタルのキャピタリストと一緒に，新規開拓するような活動もしました。

自ら希望してベンチャーキャピタルに異動も2年で社内異動

キャピタリストと活動するにつれ，チャレンジする起業家やビジネスモデルに魅かれ，「起業家を支援できるベンチャーキャピタルで仕事がしたい」と思うようになりました。折しも，公募人事制度が新設され，応募して，みずほキャピタルで投資担当者となりました。

ただ，着任して2年もたたないうちに，投資部門から営業企画部への社内異動があり，それ以降は，エクイティファイナンスや会社法務，ファンド設立や運営に関与しつつ，専門性の強化にフォーカスしたキャリアを積むことになりました。

中小企業診断士を志したきっかけ

50歳を目前に，人生に変化をつけたくて挑戦を決意

受験のきっかけは，50歳を間近に控えて，目の前の業務に埋没しているだけの人生に変化をつけたいという程度のものでした。これまで実務で身につけてきた知識を体系化しレベルアップしたいと考えたのです。

東日本大震災後に宮城県に個人としてボランティアに行ったり，胃がんに罹ったりし，ある意味「人生の棚卸」の時期だったのかもしません。

合格するまで

2次試験に3年連続不合格に……

受験を決めてから，まずは，中小企業診断士受験者向けの「一発合格道場」を読み，1次試験対策に定評のあるTACに申し込みました。台風や雪で出席率が低い日も教室に一番乗りで入り，TAC新宿校のクラスの答練（講習中の小テストのようなもの）や1次試験対策の模試では比較的優秀な成績で，順調

に１次試験には合格しました。

　しかし，２次試験で苦戦します。初回受験時は平均60点に２点不足という結果で不合格でした。

　「来年はいけるだろう」と，TACの２次試験対策講座に申し込むとともに，タキプロという勉強会サークルに入ったり，さらに，週１回TACの有志メンバー数名に声をかけて休日の早朝にカフェで勉強会をしたりしましたが，３年連続不合格という結果でした。

　平日は，早朝４時前に起床し，６時から８時まで会社近くのマクドナルドで勉強し，さらに土日は受験予備校とタキプロや有志による勉強会通いと仕事以外の時間はすべて充てました。

　模擬試験ではA判定で上位にランクイン，勉強会でも模範解答だと他の受験生から褒められていましたが，２回目・３回目の２次試験では初年度より点数が低下しました。蟻地獄に落ちたアリになったような気持ちでした。

２次試験に苦戦した理由

　４回目は，予備校をMMCに変更し，模擬試験は大手の模試は受験日が重ならない限りすべて受験しました。

　冷静に振り返れば，リソース配分が誤っていたと思います。

　まずは，２次試験当日のリソース配分です。試験当日は１日で事例Ⅰから事例Ⅳを各問80分，合計320分で解答します。それだけで大変なはずなのに，朝から張り切り，過去問を１事例分こなし，実質，５事例解いて400分の解答をしていました。事例ⅣでNPVなど緻密な計算問題を解くときには既に疲れ切っていたのではないかと今では後悔しています。

　また，年間のリソース配分も間違っていました。私は受験４回目の最終年以外は，「１次試験の知識が２次試験の解答に活きる」と妄執して効率性を軽視し，なぜか１次試験も受験していました。いわゆる「趣味の受験勉強」とも言えます。

　合格した年は，１次試験は受験せず２次試験の勉強に集中し，２次試験当日もカフェでゆったりしてから，受験会場に向かいました。

合格後

診断士コミュニティに入ったことで
独立を身近に感じるように

　金融機関勤務時は，独立する人はあまり見たことがありませんでした。転職する人はもちろんいましたが，転職先は報酬の高い外資系金融機関やコンサルティング会社が多かったように思います。フィンテック企業の台頭もあり，最近はスタートアップに転職する方も増えていますが，少数派です。

　中小企業診断士の資格取得後，中小企業診断士コミュニティに入ると，急に独立を身近に感じるようになりました。

　一緒に受験していた仲間が，合格後，次々に副業・独立に踏み出していきます。「どのように顧客を獲得するのか」「退職先とはどのような関係になったのか」などを聞くことができたのは，金融機関しか知らない私にとって大きな収穫でした。

金融機関出身者が独立しない理由と副業解禁

　金融機関出身者が独立しない傾向にあったのは，①報酬が比較的高く安定していること，②社会的に認知度が高い企業が多いことが要因だろうと思います。

　しかし，最近はこの傾向に変化の兆候が表れています。金融機関の地盤沈下が続き，以前ほど給与も社会的地位も高いとは言えなくなってきています。また，政府の働き方改革推進やスタートアップ支援が新聞やニュースで大きく取り上げられ，副業・転職・独立に対する精神的なハードルが下がってきています。こうした環境変化が後押しとなって，知り合いの金融マンもチャンスがあれば独立しようと考える方が増えてきているように思われます。

　私が独立に興味を持ったころ，タイミングよく他行に先駆けて「副業解禁」となりました。これを機に，副業を開始し，「0→1」にする方法を探ろうと意を決することにしました。

副業準備

　副業準備として，まずは，「ノウハウ取得」「人脈作り」「自己ブランディング」から着手しました。

①　ノウハウ取得

　起業ノウハウと診断士ノウハウの2つに取り組みました。

　公的機関が主催する起業塾に参加し実践的な起業の方法を学んだり，自治体が主催するビジネスプランコンテストに出たりしました。

　また，診断士ノウハウとして，執筆ノウハウを習得できる学校（プロデューサーハウス主催「取材の学校」）に入りました。さらに，実践的な訓練を積める「プロコン塾」に入塾し，講師業のノウハウも学びました。

②　人脈作り

　中小企業診断士の東京協会・埼玉協会の2つの協会に加入するほか，以前から関心のあった健康ビジネスやスモールM&A，ベンチャービジネスなど複数の研究会に入会するなどしました。

　地域振興にも関心があったので政府や自治体が主催するアイデアソンにも日程があえばできる限り参加しました。

　会社以外の場所に「仕事の仲間」ができたことは，大変心強かったです。そのほかにも，士業の懇親会等，イベントには積極的に参加しました。名刺は毎月のようにラクスルで発注していました。

③　自己ブランディング

　自己ブランディングにあたり，まずは，Will-Can-Must法則を考えました。

　私にとってIPO実務はCanです。そこでベンチャーキャピタルでのIPO支援の経験と業務知識を資格にしようと日本IPO実務検定協会の「認定上級IPOプロフェッショナル」を取得しました。名刺交換したときに，「IPOに関係する支援をしているのですね」と相手から質問されることが増え，会話がスムーズに進むようになりました。

　また，経営・財務コンサルタントはMustです。

では，Will は何か。考えたとき，やっていきたいのは，健康推進に関わることでした。そこで，「健康経営エキスパートアドバイザー」資格を取得しました。

　もともと大学時代からサプリや筋トレにはまっていたこと，そして社会人になり胃がんを患った経験から，健康には人一倍気を使い，健康ネタも豊富です。健康に関心のない経営者はいませんので，健康ネタに話が及んだ時に，趣味の話に終わらせずビジネスにつながる引き出しとして活用することができるのではと考えました。

　次に，前述の取材の学校で学んだことを活かし，雑誌やウェブ媒体に金融やM&A 関連の寄稿を積み重ね，認知度を高める工夫をしていました。

　さらに，志師塾という先生業向けのビジネススクールを利用し，過去のキャリアの棚卸しとブランディングなどに取り組み，「アナタの財務部長」というキャッチコピーを作りました。

　「オンリーワン」である印象をもってもらうために「アナタの」という言葉を選び，「伴走よりさらに一歩踏み込んだ支援をします」というアピールをするために，「財務部長」という経営者を社内から支える役職名を選びました。「アナタの」にはプロダクトアウトではなくマーケットインでニーズに応えるという意図もこめられています。

　このキャッチコピーは，そのまま「アナタの財務部長合同会社」として社名に託し，今も事業の拠り所となっています。

副業時代のこと──鳴かず飛ばずから，コロナバブルへ

　2020年6月会社を設立したものの，最初はコンサルタントとしての業務は全く鳴かず飛ばずでした。そこで，中小企業診断士の東京協会に加入したり，複数の研究会に参加したりし，先輩診断士の方からの下請けで，経営力向上計画の仕事や，補助金申請支援の経験を積みました。

　追い風になったのは，不謹慎かもしれませんが，コロナ禍です。補助金業務の支援ニーズが高まったのも然り，リモート会議が普及し，都内だけでなく遠隔地の顧客とも補助金申請や融資による資金調達支援の相談に乗れるようになりました。17時以降に電車や車で移動せずに直ちに顧客との面談が始められる

ようになって，顧客層が拡大できたうえに，業務効率が向上しました。

社外 CFO について

書籍をきっかけに CFO 養成塾に参加

　2年ほど副業を続けてきましたが，勤務先で上司からの業務引継ぎが始まったことや，息子の就職がきまり扶養家族がいなくなることなどが重なり，「今しかない」と2022年に独立することを決意しました。

　最初は順風満帆とはいきませんでした。退職を決め，公的機関や産業能率大の講師などに複数応募したにもかかわらず，軒並み全滅でした。自分のこれまでのキャリアとコツコツ準備したことに多少は自信を持っていたため，想定外の大苦戦で文字通り不安で眠れない日が続きました。

　「誰か自分のメンターになってくれるような人が必要だ」と感じて，さまざまな方のフロントセミナーに積極的に参加して試行錯誤していた時，偶然，書店で手にとったのが『中小・ベンチャー企業 CFO の教科書』（中央経済社）です。自分のキャリアにマッチするもの以上の何かを感じました。

　折しも同書の著者の「パートナー CFO 養成塾」の募集がちょうど始まったことを知り，受講して，ベンチャーや中小企業においてプロの社外 CFO として活動するためのメソッドを学びました。

なぜプロの社外 CFO が必要なのか

　従来，CFO と言えば，会計士か IPO の公開指導経験のある証券会社出身者の独壇場でした。もちろん，今でも高いウェイトを占めてはいますが，近年，スタートアップによるエクイティファイナンスが活発化する中，財務の専門人材の需要が急速に高まったのに対し，こうした人材の供給は非常に少ないため CFO 人材市場は非常に逼迫する状況になりました。

　採用コストも役員報酬も高騰し，シリーズAといわれる外部投資家からの資金調達前の段階では，専任の CFO を採用する余力がありません。結局，創業者 CEO が事業の合間に資金調達するような状況になっていたりします。

　しかし，成長志向のスタートアップは，営業 CF が赤字でも，財務 CF の黒字で人材投資や開発投資に資金を投じていくスタイルが多いため，資金調達や CF マネジメントの観点で CFO が必要です。

　その証拠に，株式会社アマテラスの「Amateras」のようなスタートアップ人材専用のプラットフォームをはじめ，アナザーワークスの「複業クラウド」のような複業人材のプラットフォームながら，業務委託の社外 CFO 人材も扱っているようなサービスが急速に登録案件を増やしています。

社外 CFO の仕事と中小企業診断士

　CFO は Chief Financial Officer の略称ですが，私は Financial に関わる業務よりもかなり幅広い業務を担当しています。

　事業計画や資本政策の策定支援，エクイティファイナンスに係る投資家との交渉，投信関連契約の締結など CFO のど真ん中の業務もありますが，アーリーステージのスタートアップであるほど取締役会規程，業務分掌規程，組織規程などの規程類の整備，会議体の運営などの管理部長的な業務など経営全般にわたる業務をカバーすることになります。

　この点，中小企業診断士は経営コンサルタントの国家資格であり，経営から組織・人事から財務まで幅広いテーマを習得するため，社外 CFO とは非常に相性が良いと思います。金融機関出身であれば，資金調達支援についてのノウハウも持っているので，尚更です（もちろん，私の場合はベンチャーキャピタ

ルでのスタートアップ支援の経験があり，より IPO 志向のスタートアップに関する社外 CFO 業務にマッチしたスキルセットになっているとは思います）。

社外 CFO に求められるスキル

　社外 CFO は，パートタイムで経営に関与するというだけで，役割期待は常勤と同等のものを求められます。

　経営面では，ミッション，ビジョン，バリューの策定，事業戦略や行動指針の策定能力など，財務面では，事業計画や資本政策，資金計画の策定能力から，資金繰り管理から実際の資金調達のためのベンチャーキャピタルや金融機関との交渉ノウハウなどが必要とされます。

　さらに，顧問先から人材採用から人事評価制度の見直しなど，人事面のスキルが要求されることもあります。労務面も，制度変更がある場合などは，就業規則の見直しやパワハラ・セクハラ規程の導入，内部通報制度や BCP の策定など社労士や弁護士と連携した対応も必要とされます。

　私の場合，ベンチャーキャピタルで，経営企画や投資管理，ファンドの設立・運営，法務，人材育成などのミドル・バックに長年関わってきたこともあり，実務経験が非常に役立っています。何が先々役に立つかは，わからないものだなと感じています。

CFO には不要でも，社外 CFO に必要なスキルもある

　社外 CFO は，専任の CFO のように，自分の全てのリソースを 1 社に注ぐことはできません。例えば，IPO 準備で経営企画部の若手社員が決算作業で残業していても，夜，別の支援先で緊急度が高い業務があれば，心情的には後ろ髪をひかれる思いであったとしても，迷わず席を立って，別の顧問先に向かう必要があります。

　金融機関での経験が長いと，どうしても無意識に雇用先にロイヤリティを示したり，社員同士の仲間意識を重視したりする傾向があります。しかし，社外CFO にとって最も必要なのは契約で決められたミッションを果たし企業価値向上に貢献することなので，リソースを冷静に振り分けるスキルが必要です。

生き方としての社外 CFO

　社外 CFO にとって分岐点になるのは上場審査です。上場直前々期（いわゆるn–2期）になると，主幹事証券や監査法人が選定され，スタートアップの役員に専任性や常勤性が求められるようになります。この時に「社外 CFO をやめて専任の CFO になりませんか」とオファーされることもあります。

　ただ，1 社に依存しない職務の最適ポートフォリオを組んで，さまざまな企業の支援に携わることができる「生き方としての社外 CFO」を手放すことは，私の選択肢にはないと思っています。

これから

健康経営の推進と横須賀市の活性化

　50歳を過ぎ，残りの人生でできることは限られますが，あと30年は頑張って，2つのことを成し遂げたいと思っています。

　1つは，健康経営と健康産業の支援です。健康経営の推進や，健康産業の支援を通じて，企業のそして社会の皆が健康な暮らしができるように取り組むことをライフワークにしたいと考えています。

　もう1つは，地域振興です。神奈川県横須賀市出身ですが，ここ数十年じわじわと人口が減少し続けていて，商店街はシャッターが目立ち，住宅地の一部は限界集落化しています。高校の同期と地元の中小企業を支援する仕組み，例えば地域ファンドのようなものを作ろうと画策しています。

Message

　金融機関出身の中小企業診断士だと，特定の業種・業界に関する強みがなく，どのように差別化するか悩む方も多いと思います。

　しかし，金融機関での法人融資や審査の経験は，企業の資金調達という財務のコア業務に役立ちます。ただ，このスキルだけだとスポットで資金調達に関する業務受託はできても，継続的な契約にはなりません。

　中小企業診断士資格を取っただけでは不十分です。経験を積めるコミュニティに入り，経営コンサルタントとしてのスキルを0→1で積む必要があります。

　さらに，実務補習や実務従事，プロコン塾は当然役に立ちますが，単発の業務受託や低単価案件の受託の罠から抜け出す「一手」が必要です。この点，社外CFO，パートナーCFOとして，企業を支援する立場に立つのは，新たな選択肢だと思います。

　金融機関でも働き方改革が進展し，副業や複業が当たり前になりつつあります。「副業パラレルワーカー」にとどまらず，さらに一歩すすめて戦略性とリスク分散による安定性を兼ね備えた「ポートフォリオワーカー」になることをおすすめしたいと思います。金融機関出身者ならではの発想が独立後の業務だけでなく人生設計に生きてくるのではないかと期待しています。

FILE 3

東日本大震災をきっかけに社会貢献を強く意識するように。島根にＵターンし，地元の活性化を目指す

渡部剛史

わたしの履歴書

▶現　　在：ミライズム合同会社代表（島根県）
▶業務内容：地元企業に対する経営戦略策定支
　　　　　援（経営全般・マーケティング・
　　　　　マッチング）／セミナー講師　等
▶登録年次：2018年（当時49歳）
▶受　験　歴：１次１回／２次２回

1968年	島根県生まれ
1991年	日本長期信用銀行（現在の SBI 新生銀行）に入行
1998年	30歳で日本長期信用銀行が破綻し，新生銀行に
2006年	38歳でモルガン・スタンレー証券（現在のモルガン・スタンレー MUFG 証券）に転職
2009年	41歳で東京スター銀行に転職
2010年	国内 MBA に入学
2012年	43歳で東日本大震災事業者再生支援機構に出向
2018年	49歳で中小企業診断士試験合格
2019年	50歳で島根にＵターン。よろず支援拠点でチーフコーディネーターを４年間務める。合同会社ミライズムを設立し，独立コンサルタントとして活動。セミナー開催多数

これまでのキャリア

バブル崩壊直後に日本長期信用銀行に入行

　私は1991年，ちょうどバブル崩壊直後に日本長期信用銀行（現在のSBI新生銀行）に入行しました。

　最初の配属先は，銀行の中でも大型店舗である東京支店でした。同支店で，大企業と中堅企業を中心とした法人営業を経験しました。

　バブル崩壊直後とは言え，まだまだ不動産投資や海外での社債発行などが盛んな時期で，企業の資金需要が強かった頃です。また，当時は債券発行銀行という特性もあって，高金利の金融債で多額の資金調達をしていたことから，融資先の開拓が至上命題であり，新規開拓をやりつつ厳しくなった融資先の管理などもしていました。

　次に，大阪支店に異動となり，富裕層向けの営業，当時社会問題になった無記名の割引金融債を一生懸命に販売していました。ちょうどその頃阪神淡路大震災で被災し，人生で初めて命の危機を感じました。

　その後，本店のマーケット営業部（のちに一部業務を総合資金部として名称変更）に異動し，銀行間取引で外貨資金の運用・調達業務を担当しました。

勤務先の銀行が破綻

　その頃に，あの忘れられない銀行の破綻を経験します。日本長期信用銀行は国有化され，その後に投資ファンドがオーナーとなり，2000年に新生銀行に行名が変わったところで広島支店に異動となりました。

　広島支店では，地方銀行や信用金庫などの機関投資家向けの営業を，そして本店の金融法人本部に異動後も機関投資家向けの企画・営業など，日本長期信用銀行・新生銀行在籍時の後半は機関投資家向けの商品企画（住宅ローンの証券化，仕組み預金など）や営業に特化していきました。

外資系銀行に転職も，リーマンショックでチームが解散

　その関係もあり，2006年にモルガン・スタンレー証券（現在のモルガン・スタンレー MUFG 証券）に転職し，地方銀行との間で証券化を前提とした住宅ローン商品の開発・導入支援を行いました。

　ところがここで再び誤算が生じます。サブプライムローン問題とリーマンショックで私がいたチームが解散の憂き目に遭うのです。まさか二度もこのような経験をするとは思いませんでしたが，やむなく転職後 3 年ほどで再び転職活動をしました。

東京スター銀行に転職，未経験業務を体験

　転職先は，これまた外資系の東京スター銀行でした。少々申し上げにくい事情があり，なぜかこれまでやったことのないアパートローンの提携と，案件対応をすることになりました。

　40歳を過ぎて，専門性が求められる外資系でまさかの未経験業務に携わることになるとは……。今思えば，これが人生の転機のひとつでした。

国内 MBA に入学，東日本大震災でボランティア

　「専門分野＝機関投資家・地方銀行営業」というこれまで積み上げてきたキャリアから外れた私は，「これはやばい」と感じ，国内の MBA を取得することにしました。

　理由はシンプルで，これまで金融機関の仕事だけをやってきたものの，こういう状況になったことで，「果たしてこれからの人生これでよいのか」と思い，金融機関での仕事を俯瞰してみたいと思ったからです。

　土日と平日の夜に中央大学の大学院に通っていた，ちょうどその頃，東日本大震災が発生しました。大学院の有志で，岩手県大船渡市へボランティアで支援に行き，本当に困っている人達を間近にすることで，私の社会貢献意欲に火が付きました。これがさらなる人生の転機だったと思います。

東日本大震災事業者再生支援機構に出向

　社会貢献意欲が高まった結果，行内で公募されていた東日本大震災事業者再生支援機構（以下，「支援機構」）への出向に志願し，2012年から3年間，宮城県仙台市に行きました。

　支援機構は，被災企業の再生支援・二重ローン問題を解決する目的で国が作った組織ですが，そこでの経験がその後の私を大きく変えました。

　出向期間終了後，再び東京スター銀行に戻り，事業再生の担当になりました。そこでは，民事再生企業へのDIPファイナンスや業況が厳しい先の再生支援などを業務としました。

　最後は，ベンチャー企業向けの融資まで，金融機関人生において本当に色々な業務に携わりました。

　まさに，典型的なゼネラリストであったと思います。

中小企業診断士を志したきっかけ

支援機構で未経験の中小企業支援に奮闘

　中小企業診断士の取得を決めたのは，支援機構にいた頃です。

　大企業や中堅企業向け融資，富裕層向け営業，マーケット業務，機関投資家向け営業，アパートローンの提携・案件対応といったキャリアで，おおよそ中小企業や小規模事業者に関わる機会がないままの支援機構への出向でしたが，意外に何とかなりました。

　担当地域は宮城県気仙沼市で，水産加工業者や漁業者の支援が中心でしたが，MBAで学んだ知識を活用する場面はほとんどなく，むしろ事業の仕組みを把握し，再生計画書を作って取引金融機関と交渉することが業務の大半でした。

　再生計画には単に金融支援をする内容の収支計画だけでなく，収益化して将来的な返済原資を確保するための具体的な「アクションプラン」を策定することが求められます。

　金融マンとして，コスト削減策を考えることはできたものの，「どうやって

36

売上を上げるのか」とか,「どういう相手にどのようなプロモーション施策を打っていくか」になるとなかなか厳しく,ましてや,店舗や工場の現場改善となるとお手上げでした。コンサルタントや,同じ支援機構の職員（他の金融機関からの出向者や税理士,会計士など）に相談したりしながら,何とかこなしていました。

　ただ,ある程度の規模の会社であればともかく,ラーメン屋だとか喫茶店,漁師などの小規模事業者への支援も対応しなければならず,人に聞いたりしながら自分なりの感覚を頼りに試行錯誤する日々でした。

感謝されたことに感動,「もっと知識をつけたい」と中小企業診断士取得を決意

　そんなある日,会計士と一緒に,仕入価格の見直し提案をした某鮮魚店から「アドバイスのおかげですぐに黒字転換できた」と感謝されました。

　長年地元で真面目にやってきた家族経営の会社でしたが,顧客の希望に応じて鮮魚販売以外にも業容を拡大し続けてきたことが原因で赤字が続いており,震災以前から本当に困っていたそうです。それが,アドバイスをきっかけに,黒字転換したということで,正直驚きました。

　社長とそのご家族に何度も「ありがとう」と言われ,「金融機関人生でこんなに感謝されたことがあっただろうか」と思いました。もちろん,取引先から感謝されることはこれまでもありましたが,所詮は大企業の一部署からのある程度社交的なものであったと思います。

　それ以外にも,某水産加工業者において,料理研究家の友人にも手伝ってもらって商品開発をしたことで,「展示会に来場されたバイヤーの方の反応がこれまでと変わった」と感謝されたりもし,「私が目指すべきは弱者である中小企業の支援だ！」と人生の進路が明確になりました。

　そして,「もっと支援できるための実践的な知識を身に付けよう」と中小企業診断士を取得することにしました。

中小企業診断士試験について

1次試験1回，2次試験2回

　中小企業診断士試験は，1次試験を1回，2次試験を2回受けました。

　1年目はTACに通い，1次試験・2次試験対策をしたのですが，1次試験はクリアしたものの，2次試験は数点届かず不合格。2年目はひたすら2次試験対策に打ち込むため，2次試験専門のAASで勉強をしました。

1次試験はExcelシートを活用

　1次試験は，TACのテキストと問題集をしっかりやったのですが，苦手な経済学・経済政策と経営情報システムに多くの時間を割きました。

　この手の試験対策で私がよくやるのが，自分が覚えにくいと思った箇所や，間違った問題の間違えたポイントをExcelシートにまとめ，試験前に見返すことです。1次試験は時間をかけて勉強した甲斐もあり，一発で合格しました。

大変だった2次試験対策

　大変だったのは2次試験でした。事例Ⅳを除いて正解がわからず，雲をつかむような感覚でした。「なぜそれが模範解答になるのか」すらわからないことも多かったです。問題を解いても解いても自分が合格に近づいている感覚がほぼありませんでした。

　2次試験だけはかけた時間だけではない，特別なコツがあると思います。合格後に実務実習で一緒になった方の中には「合格まで10年かかった」と仰っていた方もいました。AASに行き，まさにこのコツを学びました。問題を解く手順，時間配分，マーキングの仕方，与件文の読み方などです。

　2次試験は実在の企業が題材となり，その事例をもとに作成されています。企業にこういう問題や課題があり，こういう対応策を打つとよいというパターンを，事例を通じて覚えたことが，実際の企業診断にも活かされています（同

じパターンの会社もたくさんあります）。

　また，2次試験対策で養われた論理的な思考と，アウトプットの訓練は今の
補助金の計画書作成に活きています。

　仕事をしながらの勉強でしたが，家族の協力もあり仕事以外の時間の大半を
勉強に費やすことができたこと，2次試験のコツをつかみ過去問を何度もやっ
たこと，『ふぞろいな合格答案』（同友館）を参考に自分の解答で足りないポイン
トを明確にしていくことを繰り返したことで無事に合格することができました。

合格後

プロコン塾に入塾

　2018年に無事に中小企業診断士になり，東京協会に入会しました。スプリン
グフォーラムをきっかけに，プロコン塾（プロコンサルタントの養成塾）が多
くあることを知りました。「もっと実践的な力を身に付けたい」と，東京協会
が主催している東京プロコン塾に入塾し，2019年3月までの1年間，独立中小
企業診断士に必要なたくさんのことを学びました。

　例えば補助金申請や製造業の支援等の業務知識を学ぶだけでなく，声の出し
方や塾生同志によるプレゼンテーションの評価といったことまで何度も経験し
ました。

　最近ではセミナーや研修講師などをする機会が多いですが，東京プロコン塾
で学んだことが大いに活かされています。

プロコン塾で学んで自信がついた

　たった1年でしたが，プロコン塾で学び，自信がつきました。

　よく「満を持して」とか「●●になったら新しいことにチャレンジする」と
言う方もいますが，それだと前に進めません。プロコン塾で得た「何となく行
けそう」という根拠ない自信が，次のこと（島根にUターン）にチャレンジを
する勇気をくれました。

脱サラして島根に

　プロコン塾を卒業するタイミングで，長く住み慣れた東京を離れ故郷の島根にUターンし，経営コンサルタントとして仕事をすることにしました。いわゆる「脱サラ」「独立」です。

　東京には多くの友人・ネットワークがありましたし，そのまま銀行で働き続けるという選択肢もありましたが，私があえてその道を選んだのはいくつか理由があります。

①　地方の中小企業を支援したいという想い

　東日本大震災をきっかけに「自分がやるべき道を決めた」ことも大きかったです。中小企業診断士の資格取得することで得た知識を，そしてそれまでに培ったさまざまな知識や経験を，どう活かしていきたいかを考えたとき，弱者である地方の中小企業の支援をしたいと思いました。

②　島根県のよろず支援拠点のチーフコーディネーターへ就任

　「よろず支援拠点のチーフコーディネーター」への就任が内定したことも，後押ししてくれました。

　よろず支援拠点とは，中小企業庁が2014年に全国に設置した中小企業・小規模事業者のための無料の経営相談所です。各都道府県のよろず支援拠点にコーディネーターと呼ばれる相談員が配置されます。コーディネーターは，中小企業診断士をはじめ，税理士や社会保険労務士などの士業のほか，デザイナーやWeb関係の専門家など，さまざまな専門家が揃い，経営上の悩みをワンストップで相談できます。

　そのなかで，私は，「島根県のチーフコーディネーター」という，コーディネーターを束ねて成果を出す責任者兼相談員となりました（通常はコーディネーターからチーフコーディネーターになる方が多いなか，異例の「いきなりチーフコーディネーター」だったそうです）。

　よろず支援拠点のコーディネーターは公募で決まるのですが，たまたま東京都の中小企業診断士協会からのメールマガジンで公募されていることを知って申し込みました。その結果，書類審査・面接審査をパスして採用されました。

コーディネーターの仕事は日給制ですが，チーフコーディネーターは年間240日の出勤が求められることから，1年更新なので期限はありながらも，転職に近い感覚で飛び込むことができました。

はじめての故郷での仕事にワクワク

島根に戻ったのは，50歳の時でした。これ以上年齢を重ねると，新しい道に飛び込むのもそろそろ限界ではないかと思っていたので，よいタイミングでした。

故郷での仕事にワクワクする感覚がありましたが，高校までしか島根にいなかったこともあり，つながっている友人・知人は僅かでした。

ほぼゼロに近い状態から，よろず支援拠点の仕事を始めました。それでも，地元出身ということで，比較的好意的に受け入れてもらえましたし，他県出身者より，多少は早く馴染めたかなと思います。

よろず支援拠点は公的支援機関ですが，その責任者という立場は，想像以上に責任重大でした。支援機関が集まるさまざまな会合などに出る機会があり，商工会議所，商工会，金融機関などの方と会ううちに，徐々に知り合いも増えました。

会社設立し，コンサルタントとしても活動

平日はよろず支援拠点の仕事でしたが，島根に戻ったタイミングで会社を設立し，平日の夜や土日でコンサルタントとして活動を始めました。

当初は土日もひたすらよろず支援拠点の仕事（相談対応や管理業務）に追われていたものの，そのうち，ほかの支援機関からセミナーや研修講師などの仕事を依頼されるようになりました。

「仕事を断らない」を信条に

　コンサルタントとして，ひとつだけ心がけてきたことがあります。それは，どんな内容でも依頼された仕事を「断らない」ことです。

　例えば，ある支援機関の新任職員研修で「コミュニケーションをテーマにした研修講師を半日お願いしたい」との依頼を受けました。人事部にいたわけでもなく，コミュニケーションについて詳しい訳でもなく，少々悩みましたが，何とかなるだろうと思って依頼を受託し，そこからひたすら関連本を読み漁りました。当日はコミュニケーションに関する知識と，自分の経験談をメインに話し，参加者にグループワークをしてもらう研修をしたところ，思った以上に好評で，翌年以降も依頼が続きました。

　このように，得意分野以外のことでも積極的に引き受けてやってきたことが，結果的に自分自身の知識を広げてくれました。何よりそういったことの積み重ねで，依頼元との信頼関係が構築され，リピートされたり，他の仕事を依頼されたりすることにつながりました。

　経験を通じてわかったのは，依頼する側が必ずしもプロフェッショナルを求めていないということです。全国的に有名な講師やさまざまなプロフェッショナルの方が多数いるなかで，なぜ私に依頼したのか。求められていたのは高度な専門性ではないということです。これは他の相談対応も然りで，ある程度知っていれば十分に対応できることが多いということが徐々にわかってきました。

商工会・商工会議所・中小機構の専門家として活動

　よろず支援拠点のチーフコーディネーターとしての仕事を，2019年4月から2023年3月までの4年間務めました。

　2023年4月からはよろず支援拠点の仕事は月に数日に留め，あとは他の支援機関の専門家としての仕事をメインにすることにしました。親しくなった商工会・商工会議所あるいは中小機構の専門家としての仕事などです。

　金融機関にいた時は，商工会議所や商工会といった支援機関が何をやっているか知りませんでした。よろず支援拠点にいたっては名前すら知りませんでした（強いて言えば，東京スター銀行在籍中に，中小企業再生支援協議会（現在

の中小企業活性化協議会）とは仕事をする機会があったので，そこだけはある程度のことを知っていた程度です）。

どの支援機関の経営支援も一長一短あり，よろず支援拠点も例外ではありません。よろず支援拠点は主に来店型で，相談時間もある程度制約があったことから，軽めの相談には向く反面，重めの相談や短い期間で決着をつけるような相談にはやや不向きでした。そういった理由から，よろず支援拠点以外での経営相談に対応してみたいと思い，現在に至っております。

セミナー・ラジオ経済コーナー出演など

これまでに，セミナー25回，研修講師8回を経験しています。東京プロコン塾でも，短い時間ではありますが地方の先輩診断士として，毎年お話しています。さらに，2021年4月～2023年3月までの2年間は，隔週で地元のラジオ番組の経済コーナーも担当しました。

独立して5年目となる2023年は，年間で10本を超えるセミナーと研修講師の予定があり，日々資料作成に追われています。

依頼されるテーマは，キャッシュレス決済，Webマーケティング，経営戦略，補助金，創業関連，財務分析，DX，六次産業化など，大半が金融機関でやっていた仕事の内容に直接関係しないものばかり……。独立後に身に付けた知識や経験をもとに話しますが，これらは「専門家である渡部剛史」というよりは，「こんなテーマなら話してくれそうな渡部剛史」に依頼されていると考えるようにしています。

中小企業や小規模事業者向けのセミナーで求められるのは，専門性よりは，「難しいこと」を専門用語は使わず「簡単に伝える」ことです。

聞き手を無視して話し続ければ，「難しくてよくわからなかったし，次はもういいや」となるでしょう。セミナーや研修講師の依頼では，事前にどういう参加者かを確認するのはマストです。

島根で開業してよかったこと

①　競合が少ない

　故郷の島根は，人口が約65万人と全国で 2 番目に少ない県です。人口が少ないだけでなく，独立した中小企業診断士も少ないです。

　島根県中小企業診断協会の会員は，令和 4 年 5 月現在31名で，そのうち独立している会員は数名です。つまり，クライアントになる企業数も少なければ競合も少ないのです。これが，地方での開業メリットになることは間違いありません。

　また，私のように金融機関出身の中小企業診断士となるとさらに少ないため，たとえば資金繰り支援であったり，405事業と言われる経営改善計画策定支援のような案件は，「金融機関出身の渡部なら何とかしてくれるだろう」とお鉢が回ってきます。

②　狭い世界のためリピート率が高い

　さらに，私の場合，広範囲な分野でのセミナーや相談に対応してきた結果，「オールマイティに対応してくれる中小企業診断士」というイメージができあがったと思います。

　支援機関が「こういったセミナーをやらなきゃいけないんだけど誰に講師を頼もうか」「こういった内容の相談は誰に頼もうか」というように，困った時によく依頼されます。それに応えることが積み重なり，次にまた何かあれば私に頼もうか，という流れになっているのだと思います。

　特に，島根は狭い世界ですし，属人的に物事が決まることが多いのです。単にリピートしていただけるだけでなく，他の支援機関の方や，事業者の方に紹介をしていただけるという機会につながります。これが地方の，特に田舎で開業する醍醐味ではないでしょうか。

中小企業診断士になってよかったこと

①　あらゆる経験が活きる仕事

　中小企業診断士になって， 5 年半が経ちました。

そのうち当初の1年間は，東京で診断業務に慣れる経験や，東京プロコン塾で学ぶことがほとんどでした。

　本当に面白いと感じるようになってきたのは，やはり独立して自分自身で事業者の方々の相談に乗るようになってからです。

　島根で開業するまではまったく想像していなかったのですが，開業してから感じたのは，中小企業診断士の仕事は「自分のこれまでのあらゆる経験が活きる仕事である」ことです。

　金融知識はもちろんのことですが，例えば私が趣味で習っていた写真も，今では時々ですが取引先のWebやチラシ用に写真を撮ってあげることもありますし，SNSでどういう写真を投稿するとよいか，どうやったら投稿用の写真がうまく撮れるかをアドバイスすることも多々あります。

　また，天然酵母パンも趣味で習っていたのですが，パン屋を開業したい方への相談も随分と理解が早くなるだけでなく，製造過程でどんなところが大変なのかよくわかるので，アドバイスもしやすいのです。

　これまでの人生で経験したことに無駄なことはなかったと思うようになったのですが，これも中小企業診断士としてあらゆる相談に乗ってきたからだと思います。

　金融機関時代にゼネラリストであったことについて，転職市場では決して有利に働かず後悔したこともありました。ただ，中小企業診断士として，中小企業・小規模事業者支援に携わるようになり，ようやく日の目を見たと感じました。

②　金融の知識はアドバンテージ

　金融機関の仕事も多岐に亘りますが，金融の知識や経験があることは，中小企業診断士として非常にアドバンテージがあります。

　特に活かせる分野としては，①資金調達関連の支援，②金融機関に提出するための事業計画の作成支援，③金融機関取引に関する支援，などです。

　「どの銀行から借りたらよいか」，「何行と取引するのがよいか」，「こんな状態でも貸してくれるのか」，「返済できなかったらどうなるか」など，金融機関には相談しづらいけど金融機関出身者でないと回答がしづらい相談は意外にたくさんあります。

仕事上意識していること

地方では，地域情報や慣習について学ぶことも大事

　金融知識は重宝されますが，専門家の少ない島根のような地方では，対応可能な分野が広いほど重宝されます。そういう意味で，私は金融機関や中小企業診断士の勉強で学んだこと以外の知識・情報の習得にも重点を置いてます。

　例えば，業界の知識だけでなく，人から聞く情報や地域についての情報などは重要で，そういった周辺情報を知って初めて事業者のことが理解できます。

　さらに，その地域の慣習や地域の立地上の特性なども実は結構重要です。例えば，Uターンするまで，島根でのランチ相場がいくらくらいかわかりませんでした。今は少し値上がりしてはいるものの，大体700円くらいです。東京の感覚は1,000円くらいだったので，そこにズレがあるとアドバイスにも支障をきたします。

日々勉強

　金融機関出身だからすぐにできることもある一方で，いろいろ勉強していかなければ，対応できる顧客は広がっていきません。

　私は，独立してからの方が勉強する機会が増えました。

　人にアドバイスをする立場，それでお金をもらう立場なので当然ですが，組織に依存しない生き方をすると決めた以上，自分自身を強化することは不可欠だと思います。

　例えば，起業を考える方には，簿記のことを教える必要がありますし，会社設立の方法，さらには源泉徴収や青色申告などの税務知識や，社会保険の知識も必要です。これについては，自分が法人を設立した際に調べた知識や，人に聞いた経験などが役立ちました。

　まだまだ知らないことがたくさんあり，勉強の日々です。

これから

みらい経営者育成塾を開設

　これまでの経験から，アドバイスをすること自体はそれほど難しくはないのですが，その人をアドバイスの通りに動かすことが難しく，なかなか結果が出るまでには至らないことが多いと感じています。「馬を水辺につれていけても，水を飲ませることはできない」ということわざ通りです。

　コンサルタントの使命は，相手方の事業者に適切な知識あるいは気づきを与え，向かうべき方向にスムーズに行けるようにサポートすることです。

　ところが，経営者もさまざまで，その場では頷いていても，必ずしも思った通りには動いてもらえません。特に年配の経営者にその傾向が強いように感じますが，それではどれだけよい提案をしても，どれだけ褒められたとしても意味がありません。

　やはり若い方に知識レベルを上げてもらい，モチベーションを上げて企業経営に臨んでもらおうと，現在，後継者や次期経営幹部になる方への経営者教育（みらい経営者育成塾）を始めるべく準備をしているところです。

地域を担う若者を育てたい

　さらに，これはボランティアでもよいと思っていますが，学生に対して広く社会教育を実践していきたいと考えています。学生に社会の仕組みを知ってもらったり，社会経験にチャレンジしてもらったりすることで，起業を含め新たなことに積極的にチャレンジし，自分の人生を切り開いてもらうようなマインドを持ってもらいたいと思っています。

　Ｚ世代の若者は，社会的な関心が高いと言われています。そういう若者に，いずれはこの地域の将来を担ってもらい，一緒に地域の課題解決に取り組んでもらえると，地方はもっと，きっと輝くと思っています。これが，私のこれからのミッションだと思って，日々行動しています。

　30年近く，金融機関でゼネラリストとして仕事をしてきました。中小企業診断士の仕事は非常に領域の広い分野で活躍できるものの，ベースとしての金融知識は不可欠であると思っています。

　また，金融機関でゼネラリストとしてさまざまな分野の仕事をやってきたことだけでなく，自分の趣味までそのまま活かすことができることを，身をもって実感しています。それ以外にも，金融機関出身ということで，初めての方にも信頼していただきやすいというメリットがあります。

　中小企業診断士もさまざまな人がいますので，専門領域の仕事ばかりをされる人もいれば，私のように広い領域をカバーすることで仕事をいただいている人もいます。どちらを志向するかは人それぞれだと思います。大事なことはこれからのご自身の人生設計や，人生で成し遂げたいこと，つまり「目的」「目標」です。そこから逆算して資格をどのように「手段」としていくかを考えていってはどうでしょうか。

　中小企業診断士ではない経営コンサルタントも世の中にはたくさんいる中で，資格がある経営コンサルタントは間違いなく有利ですし，中小企業診断士として独立した私の友人・知人も仕事がなくて困っている者は一人もいません。

　昨今は人材流動性が以前にも増して高まってきています。
　独立した後にまた企業人に戻るという選択肢もあるでしょうし，コンサル会社でさらに力を磨くという手もあるでしょう。どういう選択肢をとるにしろ，最後は自分が成し遂げたいことを決めてから，次の一歩を決められることをおすすめします。報酬の多寡だけでなく，後悔しない生き方を念頭にこれからのことを決めるほうがより充実した人生を送ることができるのではないでしょうか。
　本稿が，少しでも読者の方のご参考になれば幸いです。

FILE 4

合格後，タイミングよく副業解禁に。中小企業と「ともに」伴走するコンサルティングを

太田智貴

わたしの履歴書

▶現　　在：TOMONI コンサルティング代表（兵庫県）（銀行と兼業）
▶業務内容：事業計画書作成支援，資金調達支援，セミナー講師等
▶登録年次：2021年（当時51歳）
▶受 験 歴：ストレート合格

1970年	栃木県佐野市生まれ
1994年	一橋大学経済学部卒業大学卒業後，大手銀行に入行。約29年間中小企業向け融資関連業務に従事。創業企業から成長企業，事業再生が必要な企業まで数百社の中小企業を支援
2021年	51歳で中小企業診断士試験にストレート合格
2022年	銀行よりもっと近い立場で事業者に寄り添いたいとの思いから，中小企業と共に未来を考える「TOMONI コンサルティング」を立ち上げ。事業計画書作成支援，資金調達支援，セミナー講師等を実施

合格するまで

30代前半で挑戦も2次試験でつまずき断念した過去

　中小企業診断士試験は，30代前半で1回挑戦したことがありました。仕事上必要かなと考えて，通信講座を利用して，なんとなく挑戦しました。大学時代は経済学部で勉強していたことや，仕事で財務や法律については学んでいたので1次試験はそれほど苦労なく合格できました。

　ただし，その後の2次試験は不合格となりました。当時，地方都市の支店に勤務中で，近くに予備校などもなく独学するしかありませんでした。また，今と違ってネット上にも中小企業診断士試験についての情報は多くなく，「どう書けば2次に合格するのか」皆目見当がつきませんでした。

　中核都市の予備校に通えれば情報を入手できたのかもしれませんが，その当時は覚悟が足りなかったのかもしれません。その後は子どもが生まれたりして忙しくなり，そのまま放置してしまいました。

「黄昏研修」がきっかけでFP1級に合格，中小企業診断士に再挑戦することに

　中小企業診断士試験について再度考えたのは，いわゆる「黄昏（たそがれ）研修」がきっかけでした。大手銀行に勤める方はご存じだと思いますが，黄昏研修とは，40代後半の社員を対象とした，セカンドキャリアに関するさまざまなプログラムや研修のことです。「52，53歳で関係会社に出向となり年収が下がる」「ポストがなくなる」「セカンドキャリアの準備をしてください」という意味合いで行われます。

　研修を受けて，「まずは何か挑戦してみよう」とFP1級を受験し合格しました。FP1級合格は自信にもなりましたし，銀行での業務にも役立ちました。そして「次も何か挑戦しよう」とやる気になりました。以前職場にも中小企業診断士試験に合格した上司がいたので，思い出して私も再挑戦することにしました。

50代でストレート合格

　私はそれほど意思が強いほうではないので，あえて周囲に「中小企業診断士試験に挑戦します」と宣言して自分を追い込み，2020年秋に思い切って，安くはない受講料をTACに一括払いして覚悟を決めました。

　結果，1年足らずで1次・2次にストレートで合格できました。

　30代前半で失敗したものが，なぜ50代に入って覆すことができたのか？

　勝因はやはり「覚悟」と「情報」です。覚悟して申し込んだTACの講座はもちろん，Twitterの仲間との情報交換も有益でした。さらに，「タキプロ」など受験指導団体主催の勉強会などに参加したり，『ふぞろいな合格答案』（同友館）で2次試験の答案の書き方について学んだことも，合格に寄与してくれました。

<勉強スケジュール>

　（平日）通勤時間30分＋退社後，8時半から11時まで平均2～3時間勉強

　（休日）土曜日にTACに通学（約6時間）＋自宅で2～3時間

　　　　　日曜日　日中2～3時間，夜2～3時間

合格後

2次合格と同時に銀行が副業解禁に！

　合格はもちろん嬉しかったですが，とくに仕事上で何かが大きく変わるというようなことはありませんでした。銀行内では，自らの成長と挑戦に関する評価項目があって，そこで評価されたくらいでしょうか。

　銀行という組織内で働きながら中小企業の経営者様を支援していると，銀行と取引先企業は「債権者」と「債務者」の関係で，利害関係があるので，必ずしも自分が思ったような支援ができない面もありました。せっかく資格をとりましたが，副業もできないので，定年後に活かせたらいいなぐらいの気持ちで

した。

　そんな時，ちょうど銀行から「副業解禁」の通達が出たのです。その時はおもわず「おっ！」と声が漏れ，鳥肌が立ちました。中小企業診断士2次試験合格が2022年2月，副業解禁発表は3月でした。

　まさに渡りに船。「こんなベストタイミングほかにない！」と副業を決意し，許可がおりた7月にスタートしました。

開業準備

　2022年夏の開業にあたり，まずは屋号を考えました。自分の名前の一部である「智（とも）」と，中小企業の経営者と「共に（ともに）」ありたいという想いを込めて「TOMONI コンサルティング」としました。ずっと，「銀行よりもっと近い立場で事業者に寄り添いたい」と考えていたからです。

　「開業準備にどれくらいお金がかかりましたか」と聞かれますが，私の場合，自宅事務所ですので，とくに大きな出費はありませんでした。業務用のノートパソコン，プリンター，追加のモニター等で合わせて20万円ほどでした。

　その他でいえば，在住県診断士協会主催のプロコン塾の参加費用20万くらいでしょうか。プロコン塾では，すでに活躍されている先輩から教えてもらったり，実際に支援をしてみて指導を受けたりします。

　中小企業士診断士資格は，試験範囲の知識が直接的に役立つわけではないので（フレームワークなど役立つ面もありますが），そういった実践から学ぶ経験や先輩の経験を伺えるのは貴重な機会であり必要な投資だと思います。

　合格後も，勉強することは山のようにありますが，自分が価値を提供するための書籍購入やセミナー代など，自分への投資は惜しまず，日々研鑽していこうと考えています。

副業としてやっていること

　副業の内容としては，現在は補助金申請のための事業計画書作成支援，資金調達に関するコンサルティング支援，創業セミナーの講師等をしています。

＜副業の内容＞

【事業計画書作成支援】

- 事業再構築補助金の申請書作成の支援（コンサル会社からの受注）

【資金調達支援】

- 地方老舗旅館の新規事業に関する事業計画作成支援，資金調達支援
- 急成長企業の資金繰り管理体制見直し，運転資金調達支援
- 商工会の専門家派遣

【創業セミナー講師】

- 自治体が主催する創業者向けセミナー

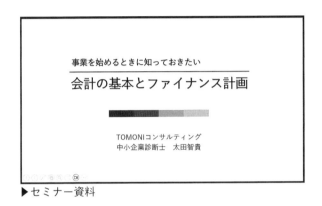

事業を始めるときに知っておきたい

会計の基本とファイナンス計画

TOMONIコンサルティング
中小企業診断士　太田智貴

▶セミナー資料

　仕事の受注は都道府県の中小企業診断士協会からの紹介や，共感できるコンサルティング会社からの業務委託です。

　コンサルティング会社には，自らの想いを伝え自分から売り込みに行きました。まず話をいただいたのは，銀行での経験を活かした資金調達関連の依頼です。副業の条件に「自社と取引のある企業の支援は不可」「自分の勤務先について明らかにしないこと」などの制約がありますが，地方の企業に対象先を向けるなどして制約をクリアしています。

副業で注意していること

　平日は仕事なので，退社後と土日がメインです。オーバーワークになって本業に支障がないように苦心しています。仕事の工数や配分についてまだ手探り

状態のため，自分からバリバリ営業をかけることについては，慎重になってしまう側面もあります。副業の実績を積む中で工数や配分，報酬についてバランスを取っていきたいと考えています。

これから

本当に依頼人のためになるコンサルを

補助金申請支援等の依頼を受けて受任したこともありますが，補助金の効果は一時的で，「本当に依頼人（クライアント企業）のためになっているのかな……」と懐疑的になることもあります。今後は，「補助金の代行屋」的な形ではなく，本質的に事業を改善するコンサルをしていきたいです。

また，銀行員としてのノウハウ・キャリアを活かし，「資金調達において金融機関にどういう風に申し入れしたらいいか」「事業計画書を含め，どんな資料を出したらいいのか」をアドバイスする，外部の財務部長的な役割を担えればと考えています。

Message

金融機関における「副業解禁」は今後も広がっていくのではないかと考えています。中小企業診断士資格に合格したけれど，とくに何もしていないという方もいらっしゃるかもしれません。銀行員は退職後も関連会社での勤務や年金などそこそこ生活できる経済的な基盤もあるので，無理にリスクを冒して開業する必要はないと思う方も多いでしょう。ただ，副業はリスクをコントロールしながら自分の想いを実現するよい機会だと思います。もし解禁されたら，一歩踏み出せるように準備してみるのもいいですよ！

私自身，ちょうど「副業解禁」の流れに乗れましたが，経営者の伴走者となりたいという自分の「想い」の実現に踏み出せた実感があります。またさまざまな業界出身の中小企業診断士との交流で刺激を受けますし，あらたな勉強をするきっかけになります。企業内の価値観の似通ったメンバーとの交流だけでは得られなかった自分の成長を実感しています。

セカンドキャリアをどうしていきたいのか，「想い」を大事に，挑戦しながら人生を歩んでまいりましょう！

FILE 5

公的機関で地元企業の経営支援。
大学で社会人教育にもかかわる

小村一明

わたしの履歴書

- ▶現　　在：公的機関勤務（石川県）
　　　　　　（2024年3月現在）
- ▶業務内容：地元企業の経営支援
- ▶登録年次：2014年（当時44歳）
- ▶受 験 歴：1次4回／2次2回

1970年	石川県加賀市生まれ
1992年	京都産業大学経営学部卒業後，地元の地方銀行に入行
	法人・個人向け融資・営業を担当
2009年	39歳から中小企業診断士試験勉強開始
2014年	1次・2次試験合格（44歳）
2015年	中小企業診断士登録。資格取得を評価され，関連会社に出向し官民再生ファンドを運営。出向先では，ハンズオン支援によるサポート（担当先：6社再生完了），投資案件の発掘から投資，再生完了までの手続き，官民再生ファンド（投資事業有限責任組合）の決算書類作成・申告，M&Aによる事業譲渡（株式売却）を経験
2019年	49歳で銀行内コンサルティング部のサービス業に異動。同年12月銀行退職後，転職して公的機関において中小事業者の経営支援に携わる
2023年	社会構想大学院大学実務家教員養成課程を修了し，公立小松大学社会人教育プログラム講師として教鞭を執るように

はじめに

　大学卒業後，地元地方銀行に入行し，その後はほとんどの期間を営業店で過ごしてきました。預金・融資・法人および個人営業をひととおり経験した後，中小企業診断士の資格取得がきっかけとなり，関連会社に出向しました。それから4年間，企業再生を担当し，貴重な経験をすることができました。

　この再生ファンドでの経験により，「地元に貢献したい」「北陸をもっと強くしていきたい」という想いが強くなり，銀行を退職し，転職しました。

　今は，地元の公的機関に所属し，地元中小事業者の支援をしています。また，ご縁があって，地元の公立大学で社会人教育にも関わっています。

　本稿では，僭越ながら，私のキャリアについて書かせていただきます。キャリアに悩む金融パーソンのお役に立つことがあれば幸いです。

中小企業診断士を志したきっかけ

「もっとコンサルティングスキルをつけたい」という想い

　私が中小企業診断士取得を決意したのは，銀行員となって20年ほどたってからです。これまでのお客とのやり取りの中，自分なりのつたないコンサルティングを通じて喜ばれることがあり，「もっと力をつけたい」「地域社会のためにもっと役に立ちたい」という想いがありました。

　また，金融機関を取り巻く環境が激変しているなか，今後のキャリア形成に不安があり，資格取得をしたいとも考えていました。

　さらに，丁度そのころ，職場が早帰りを推進し始めていたので勉強時間が確保できそうであったことも背中を押してくれました。

合格するまで

子どもをあやしながら勉強

　最初の年はTACの講座を申し込みました。「合格まで1,000時間かかる」と言われたので，ゴルフや飲み会の2次会には極力行かず勉強時間を確保しました。

　そこから5年という長い試験勉強期間でしたが，今振り返ると，あまり苦労したことは覚えていません。

　ただ，2013年の暮れに2回目の2次試験に不合格となり，1次試験からやり直しとなったのですが，その時は焦りました。3月に子どもの誕生を控えていたからです。

　結局，その年は産まれたばかりの子どもをあやしながら，タブレットで予備校の講義を見て勉強しました。今となっては懐かしい思い出です。この時に身に付けた，隙間時間を活用するテクニックは今も役立っています。もちろん，子どもを出産したばかりの妻の協力がなければ合格はなかったと思っており，大変な時に勉強を続けさせてくれたことに感謝しています。

合格後

再生ファンドに異動

　2014年末に2次試験に合格し，職場に報告しました。職場の理解もあり，実務補習に行かせてもらい，2015年4月に正式に登録しました（登録には，5日にわたり行われる実務補習を3回受け修了することが必要）。

　正式登録の直前に，銀行の人事異動で関連会社に出向することになりました。そして，「アドバイザー」の肩書で再生ファンドの運営に携わることになったのです。中小企業診断士になりたてでしたが，「プロとしての自覚」を持つきっかけにもなりました。

再生ファンドでは，裁量を持ちながら仕事をすることができました。フラットな組織で，再生ファンドの社長から直接アドバイスを頂くことも多く，「社長のプレッシャー」と「社長（トップ）の背中とはこうあるべき」を見せてもらった気がします。

　携わった業務は多岐にわたります。例えば，以下のようなことを経験しました。

＜再生ファンドで携わった主な業務＞

- 投資事業有限責任組合の設立認可
- 出資金集め，企業先への投資，期中管理（企業価値の向上，自立できる（資金調達ができる）体質改善までのハンズオンによるご支援）
- 投資した債権の回収（リファイナンスといい，企業は銀行等で借入で資金調達してファンドに返済）
- 出資者に対する報告・配当支払い
- 投資事業有限責任組合の決算
- 監査法人によるファンド監査立ち合い

　なかでも，3号ファンドの設立は思い出深いです。投資事業有限責任組合契約に関する関連法令（金融商品取引法）を理解したうえで，出資者に説明するよう上司から求められたのですが，日頃法律にほとんど触れることのない私にとって，かなりきついものでした。原案を作成，リーガルチェックを受け正式に登記されたときはとても嬉しかったのを覚えています。

「もっと地元に貢献したい」銀行を辞め，転職

　再生ファンドでは，貴重な経験をしましたが，その後，銀行に戻ります。キャリアへの悩みが深まった時期でした。「将来的に独立中小企業診断士として，コンサルティング業務をしたい」という気持ちもありましたし，「ノルマや目標など組織の利益ではなく，本当に事業者が喜んでくれる提案をしてみたい」という気持ちもありました。

　縁あって転職して今の職場で働けるチャンスがあり，「年齢的に出向を間近

に控え，これから銀行で働くことも難しいうえ，自分で出向先を選べないのであれば，このチャンスを逃してはいけない」と思い，銀行退職を決意しました。

「せっかくの銀行勤務をもったいない」という周囲の声もありましたが，共働きということもあり退職金のことなどをあまり考えなくてもよかったことも助かりました。

妻も，「自分でやりたいことをするなら止めないが，後で辞めなければよかったと言わないでほしい」と背中を押してくれました。

社会人教育という新しいチャレンジ

2022年2月頃，石川県中小企業診断士会の石井会長から，公立小松大学での社会人教育の講師というオファーの電話を受けました。

突然のオファーにとても驚きましたが，その場で引き受けました。私は，「人はできないことは頼まないし，断ったら次はない」と思っているので，頼まれたらすぐに引き受けることにしています。

とはいえ，自分の講師としての力量に不安を抱えていました。その時，日経新聞で4月から社会構想大学院大学で教員でない企業人などが，大学で講義するための人材を養成するためのオンラインによる実務家教員養成課程が始まるという広告を目にしました。「これは渡りに船」と，早速資料請求し，その後，オンラインでの面接試験を経て入学しました。

毎週土曜日午前に2コマを20週間にわたり受講するもので，課題の提出などもあり大変でしたが，とても刺激的でした。20週間の講義のうち5週は東京でスクーリングでしたので，石川県との往復の日々でしたが，エネルギッシュな方々に出会い，人生の面白さを感じました。費用は35万円（東京への交通費は別途）ほどかかりましたが，それ以上の収穫があったと思っています。

教材作り，タイムスケジュールを作っての模擬講義（1人で時間を見ながら講義をやってみる）と講義の準備は，なかなか大変でしたが，途中で面白くなってきて時間が経つのを忘れるくらい集中していました。

▶講義中の様子

　こういった準備期間を経て，2023年1月より，講義開始となりました。初めてのことで緊張しました。教える科目は，人材育成・能力開発です。これまで人事で働いた経験はありませんが，これまでの銀行員生活，ファンドの支援先での経験を踏まえ，実務家教員としてのエピソードを交えて何とか講義を終えることができました。講義を終えた時の充足感，やり切った感じはとても心地よいものでした。

　ありがたいことに，継続的にオファーをいただき，講義内容の充実を図るべく頑張っています。受講生から，「今後も相談に乗ってほしい」と言われたりして，「苦労してやってよかった」とやりがいを感じています。

これから

目の前の仕事から

　「目の前の仕事を精いっぱいやり切る」のが信条です。

　所属先の仕事だけでなく，考えもしなかった仕事を依頼されることもあり，現状に満足しています。将来はコンサルタントとして独立してもっと地元に貢献したいという気持ちもありますが，まずは，大学の講義をもっとブラッシュアップすること，子どものサッカーチームの保護者会でのコミュニケーション

を活性化すること，目の前にあることから取り組んでいく所存です。

　これからも，ビジネス知識にとどまらず，幅広い分野に興味を持ち，学び続けていきたいと思っています。

Message

　中小企業診断士試験に合格する人は，頭がよく努力家の方が多いと思います。そして，「地域や会社のために役に立ちたい」という気持ちが強い方も多いです。

　金融機関で働く中小企業診断士の方を含め，企業内診断士の方の多くは，現在の仕事のやりがいや待遇に満足しており，独立するつもりがないのではないかと思います。

　今の仕事に満足している人は，辞めることなく今の仕事を頑張るのがいいと思います。独立すると，経営者になるかもしれませんが，金融機関で働いているときよりスケールが小さくなることは否めません。

　辞めてみると，銀行の看板の大きさや信用の大きさに改めて気づかされます。組織の力を借りて自分の力ではできないような仕事をすることは，とてもやりがいがありまた充実したものです。

　言うまでもなく，金融機関で働く方のほとんどの方は，職業人としての人生を銀行本体だけでまっとうすることはなく，第2・第3の人生を歩むことになります。時には将来迎えることになるであろう，この事実を受け入れ，仕事以外で何か中小企業診断士ならではのアクションを起こしてみてはどうでしょうか。

　例えば，
①地元の中小企業診断士会に入会する。
②士業交流会に参加してみる。
③ボランティア（無償）で知り合いの事業者の補助金申請をしてみる。
④独立した時の中小企業診断士としての自分のHP（LP）を作成してみる。
⑤講師として人前で話す（ライオンズクラブやロータリークラブなど）。

　金融機関で働く中小企業診断士なら，人脈や信用がある人が多いと思いますので，いまあげたアクションは自分から動けばどれも実現は可能です。

　まず始めてみると，大きなチャンスや転機につながると思います。現在，私が

大学の講師として人前で話をしたり，執筆にチャレンジする気になったりしたのも，再生ファンドで勉強会の講師をしたり，シンクタンクからの依頼で執筆をしたりというスモールスタートがあったからです。

　あと，大事だと思うのは前向きなチャレンジに対して，応援してくれる人に相談することです。できない理由を言ってくる人には相談しないことをおすすめします。
　やり始めは大変ですが，０から１にでも進むと，１から５に進むことは気持ちのうえでハードルが低くなります。
　将来，独立した時の備えにまずはアクションしてはどうでしょうか。やってみたことは，今の仕事にも活きてくるはずです。

FILE 6

銀行で培ったスキルが
中小企業診断士として花咲く！
未練ある退職を乗り越えて

丸田佐和子

わたしの履歴書

▶現　　在：丸田コンサルティングオフィス
　　　　　　代表（神奈川県）
▶業務内容：経営や資金調達に関してのコンサ
　　　　　　ルティング／創業支援，事業計画
　　　　　　策定，伴走支援など
▶登録年次：2017年
▶受 験 歴：ストレート一発合格

	福岡県福岡市出身。大学卒業後，地方銀行に就職。融資を中心とした法人営業を経験
2014年	夫の仕事に帯同するため15年勤めた銀行を退職
2015年	中小企業診断士試験にストレート合格
2019年	丸田コンサルティングオフィスを立ち上げ

これまでのキャリア

就職氷河期にUターン就職

　私の就活時代は超氷河期と言われ，特に大卒女性にとっては厳しい時代でした。就活を始めた当初は，通っていた大学がある首都圏での就職を考え，毎日のように都内で企業訪問するものの，思うような結果がでず，次第に疲弊していきました。そうした状況の中で，地元へのUターン就職へ方向転換を考えるようになり，地方銀行が最終的な候補になっていきました。

　大学では経済学，特に地域経済を学んでいましたし，大学2年生の秋からTACの税理士コースに通って簿記論，財務諸表論を学び，企業の財務に関心を持っていたことが金融業界を志した理由でした。地元へ方向転換してもその興味関心にブレはありませんでした。

　税理士試験も一部科目合格をしていたので，会社員をしながら勉強を続けることも頭にありました。とにかく地元に帰ろう，その気持ちが強くなっていったことを今でも覚えています。

まだまだ男女平等ではない銀行内で，悩める日々

　何とか無事に，地域でナンバーワンといわれる地方銀行に入行できたものの，入行当時はやりがいを感じられる仕事を任せられることはほとんどありませんでした。

　最初の3年間は，預金，為替，外国為替，ローン，融資事務など3カ月から半年ずつのローテーションで，銀行業務をひと通り担当しました。まだまだ当時の銀行は男性社会で，同じ働き（成果）なら男性の処遇のほうが優先される，女性の能力には特に期待していない，そういう風潮がありました。銀行での仕事に自身の未来を想像することはできずに，税理士試験の勉強を再開したり，違う道を模索してみたり，悩める日々を送っていました。

女性としては当時異例の融資担当者に

ただ，配属された支店は銀行内でもトップクラスの重要店舗で，たくさんの面倒見がいい先輩と出会えたことに救われました。

日頃の先輩たちの仕事ぶりを近くで見聞きしたり，彼らと交流の中で話を聞いたりしていくうちに，次第に「融資担当者」への興味が強くなり，入行して3年を経過した頃，支店長に思い切って直談判し，融資担当者への配置換えが叶いました。異例の抜擢でした。

当時，それまで女性の法人営業担当者は行内で皆無だったので，銀行内部でも顧客先でも非常に珍しがられました。当時の支店長の常識にとらわれない配置替えが，私の銀行員人生の大きな転換点となり，今の私の原点となっています。

その後も支店や本店営業部で，法人営業（融資）担当，法人営業（融資）課長，法人営業グループ長まで経験し，本部のソリューション営業部へと渡り歩きました。本部でも事業承継・M&Aチームや医療・介護専門チーム，船舶金融グループなど営業店では経験できない高度な案件に担当として携わることができ，たくさんの貴重な業務機会を得ることができました。

日々の努力を怠ってはいませんでしたが，私が女性でなければ叶わなかったキャリアかもしれません。

小規模事業者から地場上場企業まで，法人営業を担当

入行して15年間，同行でお世話になりました。

そのうち12年間，法人営業（融資業務）に携わり，小規模事業者から地場上場企業まで，製造業，小売・サービス業，建設，卸売などさまざまな業種を担当として経験しました。保証協会融資だけでなく，プロパー融資，創業者支援から経営改善まで，少なく見積もっても1000は超える案件に関与させていただきました。案件関与だけではなく，多くの中小企業経営者と面談してきた経験値は，銀行員であれば誰でも得られるというわけではありません。

その中でも，厳しい回収交渉や毎月の資金繰りチェックが必要な先，特にリーマンショック時に苦しくなった製造業の支援は難しい業務でしたが，その

後の銀行時代のみならず，現職においてもこの経験が活かされています。

　私の銀行員生活，入行当時はかなりの逆風でしたが，後半は女性登用の追い風で，数多くのチャンスに恵まれ，銀行を中途で辞めるとは自分も周囲もまったく想像していませんでした。

夫に帯同するため泣く泣く銀行を退職

　経営職への昇進も手に届くところまできた頃，人生最大の決断をし，ある意味，順風満帆ともいえるポジションを自ら手放しました。

　当時結婚を予定していた相手（現在の夫）は転勤がある仕事をしており，別居婚のほか，考えられる選択肢を検討し，ギリギリまで銀行には言えないくらい悩みに悩んだ末，結果として退職することにしました。

　決断の裏には，地方銀行では働く地域が限定されているため，全国転勤のある配偶者と同居生活を送り続けるのは難しい，銀行にある程度配慮してもらうことはできても，いつまでも甘えられない，それなら早く次の道をみつけよう，と私なりの結論がありました。

　資格を取って，転勤族でもダブルインカム生活ができるようにしようと，前向きに考えるようにしました。「当面は専業主婦でもいい」「今まで仕事三昧の生活だったのでプライベートに重きを置こう」と考えるようにしていましたが，辞めた直後の喪失感は想像以上でした。

　当時の私は銀行の仕事に働き甲斐を感じていましたし，上司や同僚にも恵まれていたので，気持ちの整理には相当の時間がかかりました。

中小企業診断士を志したきっかけ

退職後，中小企業診断士試験の挑戦を決める

　中小企業診断士試験に挑戦することを決めたのは，尊敬する銀行時代の上司が中小企業診断士資格を持っていて，薦めてくれたからです。銀行で培ってきた経験を活かせると思いましたし，試験の内容や科目合格制度など調べてみる

と，１年で合格できなくても，複数年計画で挑むのもありだと，新たな人生設計の中で取得までの勉強プランをイメージすることができました（まったく根拠のない設計ですが）。

　その上司だけでなく，行内にはほかにも複数の同資格保有者がいて，その多くが尊敬する先輩方でした。また退職直前に同じ部署で仕事をしていた優秀な後輩も合格していて，受験勉強の経験談が聞けたこと，仕事ぶりを傍で見ていて，銀行業務とも親和性を感じることができたことが私の背中を押してくれました。

　私のように，退職後に資格の勉強を始めるのは，レアケースだと思います。怖いもの知らずだと，今ならわかりますが，当時はその無謀さにも気付けないほど，情報収集をしていませんでした。

合格するまで

１次試験に大事なのは計画性と勉強量

　資格試験に挑戦することを決めてから，早々に税理士講座で受講履歴のあるTACの通信講座に申込しました。通える範囲に教室がなかったので，消去法で選んだのが通信講座です。情報に疎かった私は，SNSなどの受験者コミュニティの存在なども知らず，ひたすら１人で勉強しました。

　１次試験は科目が多いものの，学生時代に大学の講義で学んだミクロ経済学，税理士講座や銀行員時代に学んだ財務諸表論など，今まで学んできたことと重複することがそれなりにありました。経営情報システムはかなり苦戦しましたが，暗記科目を含め，不得意分野を重点的に，とにかく繰り返し学習をし，無事に一発クリアすることができました。

　これまでも，銀行ではよく試験（銀行業務検定，簿記，FP，証券外務員，生命保険・損害保険募集人資格など）を受けさせられてきたこともあり，「勉強習慣」の土台があったことが功を奏したのではないかと思います。

　１次試験は，計画性と勉強量がものを言います。試験までの限りある時間でどのように勉強していくか，自身の得意不得意を見極め，隙間時間を有効活用

しながら，戦略を立てて計画的に勉強すれば（努力すれば），個人差はありますが，ある程度の点数は取れるのではないかと思います。

つわりの中での2次試験受験。銀行で培った論理的思考と文章力で突破！

　1次試験に対し，2次試験は勉強時間だけではカバーできない試験です。後にストレート合格の秘訣について質問をされたとき，「『運』も大きい」と答えていました。

　ただ，合格してから診断士仲間との交流や，仕事を共にする中で，一発ストレート合格できたのは，日々の銀行業務での鍛錬が実を結んだ結果だったと思えるようになりました。

　論理的思考と文章力（端的にわかりやすくまとめる力）の2つが素養としてあれば，2次試験合格の近道になると思います。この2つの能力について，銀行員時代に稟議書や報告書の作成で知らず知らずのうちに鍛えられたのだと，自己分析しています。いつも赤ペンしてくれていた銀行時代の上司に感謝です。

　話が変わりますが，ちょうど1次試験の合格発表の直後に，自身の妊娠も判明しました。二重の喜びでしたが，つわりがひどく，受験勉強にも支障がありました。「今年はできる限りで頑張り，来年の合格を目標にしよう」「ダメもとでいいじゃないか」と，精神的にゆとりを持つよう心がけていました。2次試験当日もつわり真っただ中で，緊張どころではなく，平常心で試験問題に臨むことができました。

　手ごたえはそこそこでしたが，無事合格することができました。今思えば，産後に勉強するのは大変だったので，ストレート合格できたのは本当によかったと思います。

合格後

子どもが幼稚園に入ってから開業

　試験に合格後は，子育て中心の生活を送りました。既に銀行を辞めてブランクが生じていたので，「すぐに社会復帰するより，目の前のことに集中しよう」「せっかく母親になれたのだから今の時間を大事にしよう」という気持ちを優先しました。

　とはいえ，まったく焦りがないと言えば嘘で，内心はかなりの焦りがありました。元々，受験時代も勉強仲間はいませんでしたし，SNS 上の診断士や受験コミュニティの存在も知らずにいたので，合格後に参加した実務補習や中小企業診断士協会のイベントなどで同期の合格者たちの情報量に衝撃を受けました。「大きく差をつけられている」と，情報収集不足を痛感していました。

　また合格後，夫の転勤でさらに引っ越しを重ねていたので，人脈ゼロの環境です。そんな状況の中での実務補習は非常に苦戦しました。

　幼い子どもがいると，子どもが寝ている時間以外はほぼパソコンに向かえません。実務補習期間は自身の睡眠時間を削るしかなく，かなりのハードワークでした。

　ただ，講師や仲間からの刺激は，想像以上に大きく，無理をしてでも参加して大正解でした。何とか周囲の協力を得ながら，3 回の実務補習をやり遂げ，ようやく資格取得することができました。

　中小企業診断士として本格的な稼働，独立は数年後としても，このままでは取り残される一方だと思い，情報収集の場として，中小企業診断士協会（東京，神奈川）に入会しました。

　協会や支部のイベントに時々参加したり，研究会をいくつか見学したり，最低限の活動を可能な範囲で行っていました。そういった場に行けば，同期の合格者たちがどのような活動をしているか，少しは肌で感じることができ，完全な置いてけぼりを避けられると思っていたからです。

　ただ，ほとんどの支部，研究会活動は平日の夜に開催されることが多く，オンラインなどが一般的でなかったコロナ前は，参加ハードルが非常に高いもの

でした。「懇親会でしか聞けない話」という謳い文句もあるほど，情報交換の場は「夜」が基本で，子育て世代にとってはスケジューリングが難しく，参加したくても参加できないという歯がゆい気持ちでした。

「何かできることを」プロコン塾に通うことに

中小企業診断士らしい活動はほとんどできないまま，中小企業診断士協会のスプリングフォーラムで「プロコン塾」の存在を知りました。

東京協会の各支部や研究会などに「プロコン塾」「コンサル塾」といった独立中小企業診断士の養成コースが多数あり，それぞれ特色がある中で，一念発起して東京都中小企業診断士協会が運営している「東京プロコン塾」に入塾を決めました。当時の説明・勧誘担当の方との相性，「出会い」を大事に，半ば勢いです。

焦っても仕方はないものの，現状を打破し，どこかに属して「安心」を手に入れたかったというのが当時の正直な気持ちでした。もう1，2年待ってからのスタートでもよかった，と今なら思えます（笑）。

プロコン塾が独立診断士としての第一歩に

決意を持って入塾した，プロコン塾は独立診断士に向けての大きな第一歩となりました。プロコン塾での1年間は自分自身の棚卸しと磨きあげ，中小企業診断士としてどのように活動していくかということを考え抜く時間でした。2時間のセミナーコンテンツを企画して，レジュメを作成，それを5分間でまとめて発表する，「コンテンツ発表」を1年間で1人5回行うという恐ろしいカリキュラムがあり，これに1年間苦しみました。

当時は逃げ出したいほどのワークでしたが，独立後に，この「コンテンツ」で仕事を受注することができたり，稼ぐための貴重なヒントをたくさん得ることができました。

最初の仕事

　プロコン塾で学んでいるうちに，修了時には独立して活動する，早く実務に携わりたい，そんな気持ちに自然となりました。

　ちょうどプロコン塾を修了した春に，子どもが幼稚園に入園するタイミングだったので，その年の春から始められる固定の仕事を探しました。

　独立してからの仕事の取り方は人それぞれですが，私ははじめからトップギアを入れるのではなく，家庭との両立，どちらかというと子育て優先で，可能な範囲で実務経験を積みたいと考えていました。

　時間が決まっている固定の仕事をしながら，空いている時間で個別の仕事を得られたら，という計画で仕事を探し，支部の公募案件で，区役所のとある経営支援の業務を受任することができました。

　週に２回，時間が固定されていましたが，出勤曜日の設定の自由度が高く，幼児の子育て（幼稚園の行事など）との両立がしやすいことから，勤務条件としては最良でした。収入面はまだまだでしたが，独立中小企業診断士としての一歩を踏み出すことができました。

　▶　講師として講義することも！

子育てしながらの開業で苦労したこと

　子育てしながらの開業だったので，「焦らない」「今できるペースで」と日々言い聞かせて，詰め込み過ぎず，余力をキープできる範囲で仕事を取りにいっていました。といっても，独立間もない中小企業診断士に選べるほど仕事はありません。どのように仕事を受注していこうか試行錯誤していた，そんな時に出会ったのが，中小企業診断士同期で居住地も近く，同じ子育て中の女性中小企業診断士です。彼女は地域ビジネスを起業していて，中小企業診断士業務をメインの事業とはしていませんでした。彼女の会社で中小企業診断士が請け負える仕事がいくらかあり，一部を引き受けることで経験を積むことができました。2人で協業することで，お互いの得意分野を活かしたり不得意分野を補い合ったりすることができ，経験値だけでなく，多くの学びを得ました。

　ある程度，順調なスタートのようにも思えますが，一番の悩みは時間の確保でした。成長するにつれ，手がかからないようになるとは言え，当時も子どもが起きている間はまとまった時間パソコンに向かえませんでした。

　また幼稚園への送迎が毎日あり，朝は送った後に移動して間に合う仕事，帰りは迎えの時間までに終わる仕事を選ぶ必要があるなど，諦めざるをえない仕事もありましたし，スケジュール調整に苦労することも多々ありました。

コロナ禍の中小企業診断士バブル

　独立してちょうど1年経とうとしていた頃，日本国内でもコロナの影響が出始め，多くの中小企業支援施策が打ち出されました。中小企業診断士が求められる，公的支援業務が増えていくとともに，コロナ対応の補助金・助成金が次々と出され，その申請サポートのオファーも増えていきました。

　先輩中小企業診断士の紹介で自治体のコロナ対応窓口や商工会議所の相談業務など，公的な相談業務をかけ持ちしたり，資金調達支援依頼も複数受けたり，前年の緩い稼働率が嘘のように忙しい毎日になりました。それでも，子育てとの両立ができる範囲でやっていたので，独立2年目の私でも失注や見送らざるを得ない案件がいくつもありました。それだけ一時的に中小企業診断士バブルが起きていました。

営業・集客について

中小企業診断士仲間からの紹介が大半

　独立してからの集客方法は，大半が紹介です。同業である中小企業診断士の先輩，仲間から案件を下請けしたり，紹介してもらったりが中心でした。中小企業診断士合格時に人脈ゼロだった私が紹介で集客できているのですから，びっくりです。戦略的に人脈形成をしたわけではなく，たまたまご縁のあった方から紹介をいただいているので，普段の行動が「縁」につながるのだと思っています（気が抜けないということです）。

　紹介でいただく仕事は，紹介元である先輩中小企業診断士が目利きをしてくれていることも多く，私の得意分野を理解してのオファーなので，大半の案件はスムーズに進行します。これは紹介の非常に大きなメリットです。

　「紹介」をしてくれるような中小企業診断士の先輩は自分で対応できないほどの案件を抱えており，下請けもしくは案件を受けてくれる有能な中小企業診断士を求めています。いつ，どこで品定めされているか，わからないことが多いのですが，1つひとつの仕事を大事にしていると，誰かが見ていて声をかけてくれる可能性があります。チャンスに繋がる可能性です。これは銀行員時代も同じでしたが，どんな仕事にも共通するのだと改めて感じています。

ホームページからの集客について

　「ホームページは最低限必要」とプロコン塾での講義でも言われていましたし，今の時代，ホームページを持たない事業者の方が少なく，ホームページを持っていることで安心してもらえる，そういうことも多いだろうと，友人の中小企業診断士にお願いして格安でホームページを作ってもらいました。参加していた研究会でもホームページ集客を担当していたので，見様見真似で最低限の内容を整えました。

　ホームページ集客に力を入れられていませんが，時折，このホームページでの問い合わせから受注につながることがあります。紹介と比べて成約率は低く

なりますが，web集客でしか叶わない顧客との貴重な出会いのツールになっています。ホームページで受注した顧客から，さらにその仲間の事業者の紹介を受けてさらに受注がつながっていくこともあります。

これから

公的支援業務を中心に据えて，幅広く活動

　現在の主たる仕事は，首都圏にある公的機関での創業，新事業の伴走支援です。創業といっても大学生からシニア，アイデアやステージもさまざまで，刺激的な毎日です。計画策定から販路開拓，人材確保など様々な課題解決をサポートしています。

　上記以外の時間で，商工会議所や信用保証協会の専門家派遣，紹介やホームページ経由で受託した個別の経営支援，資金調達支援他を実施しています。今現在はワークライフバランスを第一に，時間的には固定の公的支援業務の割合を多くしています。収入面では一般的に個別に受注した案件のほうが時間効率は高くなるので，自分自身が納得できるパフォーマンスが提供できる範疇で受注していけるよう努めています。

オファーがあった仕事は選ばず受ける

　現在独立5年目ですが，これまではとにかくオファーがあった仕事は得意不得意関係なく選ばず受けてきました。銀行員時代もそうでしたが，経験したからこそ力がつく，そんな体験に基づいています。

　中小企業の課題は1つではありません。例えば，事業計画の作成の依頼で訪問したら，実は販路開拓や人材面ででも困っている，といったことは日常茶飯事です。課題解決方法も企業規模や業種，ビジネスモデル，財務状況等によって三者三様に検討が必要になります。常にインプットが欠かせませんが，サポート内容が画一的ではないからこそやり甲斐があります。

　また，ここ数年で「オンライン」が普及したお陰で，大幅に時間効率が上が

りました。オンラインだけでは難しい仕事ですが，オンラインと対面の組み合わせで，成り立つ仕事は多く，移動時間の削減ができることでこれまで以上に受注案件数を増やすことが可能になりました。特に子どもの送迎時間がネックで受けられなかった仕事や遠方が理由で諦めていた仕事を受けられるようになりました。また，オンラインもしくはハイブリッドで開催される平日夜の研究会やミーティングに参加することも可能になりました。中小企業診断士としての活動の幅を広げてくれる，オンラインは今や欠かせません。

経験を活かし，より価値ある支援を

　現在の仕事を独立前から100％描けていたわけではありません。独立前に思い描いていた仕事と一致している部分もあれば，違っている部分もあります。ただ一つ言えるのが，どちらも私のキャリアの中でプラスにしかなっていません。なかなか思うようにいかないこともももちろんありますが，いくつになっても成長していける，そんな環境の中に身を置いていることに，これまでご縁があった方々，家族に感謝しかありません。

　独立して仕事をしている以上，「安定」はありません。これまで以上にアウトプットの質を上げていく努力を続けていきながら（それができる時間を確保しながら），自身が提供できる価値を高めていき，より専門性を磨いていきたいと考えています。銀行員としての経験は活かしつつ，中小企業診断士として経験を積んできたからこそ提供できる中小企業支援を，次のステップとして新たな形にもチャレンジしていきたいと思っています。

Message

　金融機関，特に銀行・信用金庫出身者の最大の強みは，資金調達の中心である「融資」や資金繰りのサポートができることです。
　中小企業診断士であれば誰でも，ある程度決算書を読み込むことはできます。しかし，金融機関の考え方を理解した融資関連のアドバイス，となるとそれなりに経験を積んだ中小企業診断士にしかできません。
　金融機関出身者であれば，独立当初から資金調達分野での助言・支援ができる

ことで，アドバンテージになります。また，中小企業の経営者とのコミュニケーションも金融機関出身者であれば場数が豊富です。銀行の中での当たり前が，強みとなることが多いと実感しています。

　金融機関出身の独立中小企業診断士はそれなりの割合で存在しています。金融機関と一括りにすると競合がそれなりにいることになりますが，同じ金融機関としても，担当してきた業務もバラバラですし，都銀か信用金庫でも大きく違います。そして，経歴に拠らない強みが人それぞれにあります。自身の強みが何か，中小企業診断士としてどのような活動をしたいかで，営業先も変わるでしょうし，仕事内容も変わるでしょう。

　銀行員時代との一番の違いは，より広い視野，より客観的立場で中小企業の支援ができることだと感じています。
　独立すると銀行員時代と違って後ろ盾がありませんが，フリーであるぶん，損得なく，支援先事業者のためになることだけを考えて行動することができます。
　本当の意味で中小企業に寄り添い，未来を描くサポートをすることができるのは，中小企業診断士の最大の魅力だと思っています。

FILE 7

税理士法人内の 中小企業診断士として， 地元企業に寄り添う

田中徹志

わたしの履歴書

▶ 現　　在：税理士法人勤務（石川県）
▶ 業務内容：社内診断士として，地元の事業者
　　　　　　を支援。
▶ 登録年次：2021年（当時41歳）
▶ 受 験 歴：１次１回／２次２回

1980年	石川県金沢市生まれ
2002年	県外の国立大学を卒業し，地元の金融機関に就職。主に，法人融資営業と法人コンサルティング業務に従事
2020年	40歳で地元の税理士法人に転職。中小企業診断士試験の勉強を開始。同年，１次試験合格
2021年	中小企業診断士試験２次試験合格。現在は税理士法人に所属する「社内診断士」として，地元の事業者を支援。副業はしておらず，独立の予定なし

これまでのキャリア

都会に憧れるも，家族の事業の関係で地元の金融機関に就職

　私の就職活動は2001年，まさに就職氷河期の最中でした。

　地方の国立大学生だった私は，当時流行していた「ラブジェネレーション」のキムタクに憧れ，都会のオシャレな部屋に住み，大企業に勤務する将来を夢見ていました。

　そして，昔から映画「ゴッドファーザー」に憧れていた私は，「世の中の経済を影で動かしている銀行って，マフィアみたいでカッコいい」「バンカーという響きがカッコいい」「給料もよくて安定してそう」という今となれば恥ずかしい理由でメガバンクを目指し，運よく内定もいただけました。

　しかし，その後，家族の事業で実家に戻らなくてはいけなくなり，地元金沢の金融機関を選び，就職しました。

営業が得意で，行内での出世を目指す

　入社後は，支店で13年，本部で5年，計18年勤務しました。支店では，主に法人融資営業を担当し，中小零細企業や個人事業主に対して，融資の面から事業の成長を支援していました。

　営業が得意だった私は，営業成績の最優秀賞を数年連続で受賞して業界誌に特集されたこともありました。また，同期最速で役職者に昇進したり，労働組合の委員長や新規プロジェクトの責任者に任命されるなど，出世コースを順調に歩んでいました。当時の私は出世欲の塊だったので，真剣に将来の役員の座を狙っていました。

中小企業診断士を志したきっかけ

法人コンサルティングの部署を立ち上げ，中小企業診断士に憧れるように

支店で法人融資営業を担当後，本部に配属され，法人コンサルティングの部署を立ち上げました。結果的に，この法人コンサルティング部署での3つの出会いが，のちに中小企業診断士を目指すきっかけになりました。

1つ目は，直属の上司が，中小企業診断士だったことです。私より2歳年上でしたが，20代前半で独学一発ストレート合格したツワモノで，仕事も非常に優秀で，社内でもとびっきりのエースでした。

毎日机を並べて過ごす中で，その先輩の優秀さに憧れるようになりました。「どうやったら先輩のようになれるのか？」と聞いたところ，「中小企業診断士で学んだ知識や考え方や表現方法が大きいよ」と言われ，初めて明確に中小企業診断士という資格を意識しました。

2つ目は，本部に配属されたことで，他の金融機関や公的支援機関や行政など，社外の方と会う機会が格段に増えたのですが，その中に中小企業診断士が多くいたことです。皆さん総じて優秀で身なりもシュッとしていて立ち振る舞いもスマートな方が多く，「中小企業診断士ってカッコいいなあ」と漠然と憧れるようになりました。

3つ目は，石川県の中小企業診断士の先生と一緒に仕事をする機会があったことです。融資先企業のバンクミーティング（融資先企業と全ての取引金融機関が集まる経営改善に向けたミーティング）で，私はメインバンクの担当者として出席し，融資先企業の経営改善策を一緒に検討しましたが，なかなか効果的な打ち手が見つかりませんでした。その時，その方が経営改善に向けた道筋や具体的な対策を理路整然と次々に打ち出し，より一層強く憧れるようになりました。

公的な経営支援施設『f-Biz』に派遣され，経営支援手法を学ぶ

　このような出会いにより，中小企業診断士を目指す気持ちが高まっていましたが，決定打となったのは，法人コンサルティング部署に在籍時，静岡県にある公的な経営支援施設「富士市産業センター『f-Biz』」に派遣され，カリスマ企業支援家といわれる小出宗昭氏から経営支援手法を学んだことです。

　小出氏は中小企業診断士ではありませんが，事業者が自分でも気付いていないような真の強みを見つけ出し，それを経営改善に徹底的に活かすというスタイルの経営支援でした。数多くの経営不振に悩む企業が息を吹き返すシーンを間近で学ばせていただき，「経営支援を体系的かつ論理的に学びたい」という想いが強くなりました。

中小企業向け経営支援に力を入れている税理士法人に転職

　そして，『f-Biz』から金融機関に戻り，仕事をする中で，金融機関としてやれる経営支援に限界を感じるようになりました。理由は，金融機関と事業者の関係性は「債権者－債務者」であり，事業者とは本質的な利害関係が相反する部分があるため，真に事業者に寄り添った経営支援が難しいと実感したためです。

　そこで，39歳の時に，中小企業向け経営支援に力を入れていた地元の税理士法人に転職しました。また，同時に中小企業診断士試験の勉強を始めました。

　現在は，その税理士法人の経営支援の専門部署に属しています。会計や税務には一切携わっておらず，専門職として，地元企業の経営改善，経営再生，事業承継，M＆A，補助金，資金調達支援など，企業支援を幅広く担当しています。

合格するまで

会社の会議室でも勉強する日々

　転職した2020年1月から中小企業診断士試験の勉強を始め，7月の1次試験に合格しました。その年の10月の2次試験で不合格，翌年10月の2次試験で合格しました。受験勉強期間は1年10カ月でした（2022年4月に正式に登録）。

　転職したばかりで，仕事と勉強を両立させるのは大変でした。特に，2〜3月は，税理士法人にとって最大の繁忙期である確定申告期間です。この時期は，なかなか勉強時間が取れませんでした。

　さらに，確定申告期間が終わっても，事業再構築補助金やコロナ融資など，コロナ禍で苦しむ中小企業を支援するための制度が次々と世に出た時期で，経営支援の専門部署に転職したばかりの私にとっては，転職早々に自分の出番が回ってきて，毎日朝早くから夜遅くまでフル稼働していました。

　家に帰ると疲れてグッタリしてしまい，勉強時間をなかなか確保できませんでした。

　そこで，時間の使い方を切り替えて，家では勉強せず，朝，昼休み，業後に会社の会議室※で勉強するようにしました。これにより，自分のリズムを構築でき，勉強が捗るようになりました。

　このように，中小企業診断士を目指していることを公言し，社内で勉強していたので，合格した時には社員全員から祝福していただけました。

　※　当社では，士業を目指す受験生支援制度として，業務以外の時間（平日の業務前，昼休み，業後，休日）に会議室を勉強部屋として開放しており，社員は自由に使えます。

子どもの応援とSNSでモチベーションを保つ

　社会人が仕事と勉強を両立させるのは大変です。以下の2つが，私のモチベーションとなりました。

　まず1つは，私には中学生と小学生の子どもがいて，子どもたちに「勉強しなさい」という前に，まずは父親が一生懸命勉強している姿を娘に見せよう！

と考えたことです。子どもたちもいつも応援してくれ，とても力になりました。

　そして2つ目は，X（旧 Twitter）での受験生仲間や現役診断士の先輩方との交流です。私は地方在住のため，周りに受験生仲間も少なく，リアル交流による情報交換が限られていたのですが，Xの活用によりたくさんの仲間と情報を得ることができ，私にとって大きな財産になりました。

中小企業診断士取得のメリット

勉強を通してさまざまなスキルが身についた

　中小企業診断士は，1次試験で7科目，2次試験で4科目を学び，経営を体系的に勉強できます。また，2次試験では，論理的に物事を考え，それを限られた時間の中でわかりやすい文章にして相手に伝えることが求められます。

　このような中小企業診断士の勉強を通じて，「論理的に考える力」「相手の真意を読み解く力」「文章表現力」が高まりました。これらは，仕事をしていく上では絶対的に必要なビジネススキルです。総合的なビジネス力が高まり，日常の様々な場面で頼ってもらえることも増えました。

国家資格の信用力

　中小企業診断士になる前から，現場での実績や経験，実務対応力には自信がありました。金融機関と税理士法人での勤務を通して，常にどんな時も目の前の事業者様に真摯に向き合い，困難な状況でも絶対に逃げないことを信条にしてきたからです。

　しかし，公的支援機関や金融機関との仕事が増え，弁護士や税理士など士業の先生方と一緒に仕事をする機会が増えました。その中で，対外的な信用力のひとつの基準になる国家資格の重要性を感じるようになりました。そして，中小企業診断士に合格したことで「国家資格による信用力」を得ることができ，外部からの評価が高まったと感じています。

コンプレックスの克服

　国家資格を取得したことで，コンプレックスを克服できたことも大きかったです。私はもともと華やかな大企業で働くことを目指し，メガバンクに行くつもりでしたが，地元の金融機関を選択しました。そのことが，心のどこかにずっと引っかかっていました。今思えば大変おこがましかったのですが，「俺はなぜここにいるんだろう？」というコンプレックスを抱えていました。

　そして，中小企業診断士になれたことで，このようなコンプレックスを克服できました。難関の国家資格に合格できたことで自己肯定感が高まりました。外部の関係者の方々からは「先生」と呼ばれるようにもなり，気恥ずかしくもありますが，人生で初めて「何者か」になれたような感覚がありました。「先生」と呼ばれるにふさわしい実力や人間性を身に付けなければ！　という責任感も生まれました。

　こうした意味でも，国家資格を取得することで大きな自信が得られ，コンプレックスを克服できました。また，責任感と成長意欲が高まり，生き方や働き方の質が高まったと感じています。

合格後

合格後はすぐに名刺を配り歩く

　私は合格後，「まずは中小企業診断士になったことを知ってもらうことが大切！」と考え，以下の2つの行動を起こしました。目的は，仕事をもらうためではなく，中小企業診断士に合格したことを知ってほしかったからです（笑）。

　まずは，中小企業診断士に登録されたことを確認してすぐ，「中小企業診断士」が入った名刺を大量発注しました。そして，人に会い，名刺を配り歩きました。既に面識があり名刺交換をしたことがある人にも，あらためて配り直し，用事がない人にも名刺を渡すためだけに用事を作って配りました。

　次に，当社のあらゆる宣伝広告ツールを使い，中小企業診断士に合格したことを紹介してもらいました。具体的には，当社のHP，SNS，YouTube，メル

マガ，ブログ，広報誌です。金沢は狭い街なので，このような地道な（？）活動が功を奏し，「田中が中小企業診断士に合格したらしい」という口コミが広まり，多くの方から連絡や祝福のメッセージをいただきました。私の目的はそれで充分達成されたのですが（笑），そこから仕事の相談や受注につながったケースも多く，中には「ご祝儀や！」とのことで他に依頼する予定だった仕事をいただいたこともありました。あらためて人間関係の大切さを感じました。

合格後の方針決めとマインドセット

このような宣伝広告活動をしながら，これからどのように活動していくかを考えた結果，以下の2つに行き着きました。

① 「中小企業診断士×自分のキャリア」のシナジーを活かせる領域に特化

まずは，これからの仕事に中小企業診断士の資格をどのように活かしていくかを考えました。近年，中小企業診断士の資格は人気が高まり，必然的に数も増えています。そうした中で，「自分の強み」「自分がやりたいこと」「自分にしかできないこと」を考えた結果，「金融機関で18年勤務した経験とノウハウ」を活かした「経営改善・経営再生」を軸に活動していこうと決めました。

② 頼まれたことはすべて引き受ける

中小企業診断士になり，おそらくこれからは経験したことがないような経営相談もたくさん寄せられるだろうと思いました。その中で，「頼まれたこと，相談されてことはすべてやる！」というルールを自分に課しました。

このルールで臨むことで，自分の成長にもつながり，仕事もたくさんいただけると考えたからです。

また，一度相談をいただいたのに断わってしまうと今後もう二度と相談が来なくなるのではないか？　という恐怖心もありました。

正直，心身ともに負担がかかるやり方ではありますが，実績も知名度もない新米中小企業診断士にとっては必要な姿勢だと考えました。私のことを信頼して相談してくれる方への気持ちには絶対に応えたいので，どんなに忙しくても時間を作って相談に乗り，その後も継続的に支援するようにしています。

このような活動を続けた結果，「田中さんに相談したら何とかしてくれる」というありがたい声を寄せられることが増え，顧問先からの紹介や金融機関担当者からの紹介など，お客様の輪が広がり，いただける仕事の幅が広がり，仕事の量も増えました。

企業内診断士としてやったこと

　いよいよ本格的に中小企業診断士としての活動を開始するにあたり，まずは社内を巻き込むところから始めました。具体的には，以下のような行動を起こしました。

①　会社への処遇の交渉

　私の給与体系について会社に交渉しました。それまでは当社内の規定に基づいた給与形態でしたが，完全成果報酬型の年俸制に変更してもらいました。年俸制は当社では初でしたが，「中小企業診断士として活動して会社の売上にも貢献するし，自分のモチベーションも高まるので，年俸制にしてほしい！」と経営陣に交渉して，承諾してもらいました。

　自分が獲得した売上に対する歩合制なので，モチベーションが高まりましたし，実際に収入は増えました。逆に，もし仮に売上がゼロなら給与もゼロになるので，緊張感も高まりました（笑）。

　このような完全な成果報酬制度にはリスクもありますが，「リスクや不安に打ち勝って成果を出して収入を勝ち取ってやる！」という負け気の強い私の性分に合っているので，年俸制にしてもらえたことは正解でした。

　詳細な金額は明示できませんが（笑），中小企業診断士になったことで，年収は増えました。

　私が仕事で一番重視している価値観は，「自分にしかない価値でお客様の経営がよくなり，幸せになってもらうこと」です。正直，お金は二の次ではありますが，自分の頑張りが収入に直結するのはやりがいにつながりますし，モチベーションも高まっています。

②　社内案件の獲得

　社内に「経営再生プロジェクトチーム」を立ち上げました。

　私のほか，当社の中小企業診断士2名にも参加してもらい，当社の顧問先企業で経営改善や経営再生の必要性のある案件の相談窓口として機能させました。

　なお，当社には約50名の職員が在籍しています。そのうち約40名が「会計部」に所属して税務会計業務を担当しており，私は「支援部」に所属して経営支援を担当しています。支援部は顧問先を直接持たず，会計部の職員が持つ顧問先に対して経営支援を提供する役割です。そのため，まずは当社の会計部が持つ顧問先の経営支援案件が集まりやすい仕組みを作ったのです。

　それにより，会計部40名が担当する顧問先の経営支援案件がコンスタントに寄せられるようになり，経営支援に対する報酬として継続的な売上が上がるようになりました。

社外活動について

　基本的には，企業内診断士としての活動ですが，社外からも経営支援案件を獲得するために，石川県中小企業診断士会に入会し，石川県内のさまざまな公的支援機関にも専門家登録をしました。具体的には，石川県産業創出支援機構（石川県の外郭団体），石川県信用保証協会，石川県商工会連合会に経営改善の専門家として登録しました。

　それにより，月に2〜3件は継続して経営改善の仕事をいただけるようになりました。特に，石川県信用保証協会からの仕事は，金融機関も交えて事業者の経営改善や資金繰り支援に取り組む案件が多いため，私の強みである「金融機関で得た経験とノウハウ」を活かしやすく，金融機関の担当者から重宝されることも多いです。

　また，そこで知り合った金融機関の担当者から別の経営改善の案件の依頼をいただくこともあるため，私にとって貴重な案件獲得のチャネルとなっています。

金融系中小企業診断士の強みについて

金融のキャリアを活かさない手はない！

　中小企業支援は本業支援と金融支援の両輪が必要です。

　本業支援は，売上アップや現場改善等で，金融支援は，資金調達や資金繰り改善等です。この両輪が噛み合ってこそ事業者の成長を支援できます。金融系中小企業診断士は，中小企業診断士試験の勉強や経験を通して本業支援を，金融機関での勤務を通して金融支援のノウハウを習得できます。両輪をカバーできるのは金融系中小企業診断士ならではだと思います。金融系中小企業診断士には以下のような強みと機会があり，これまでのキャリアを活かして活躍できる，絶好のチャンスがあります。

①　金融支援のノウハウと実経験

　金融支援のノウハウは，マニュアル化することが難しく，実務を経験した人にしかわからない部分も多いです。コロナ融資をはじめとする数々の融資制度，リスケジュールを要請する際の手順やルール，経営改善計画に必要な要素……etc. です。

　これらは，ベースとなるルールがあるうえで，事業者の状況や金融機関の方針等によりケースバイケースの対応が必要になります。こうした対応ができるのは，金融機関で実務を経験したことのある実体験とノウハウがある金融系中小企業診断士ならではの強みです。

②　「金融に強い」というブランド力

　「金融支援は難しくてよくわからないので金融機関に任せる」というイメージを持つ方が多いと思います。また，「金融機関に支援の相談をしたところ，担当者に言われるがままに進んだけど，本当にこれでよかったのか？」という漠然とした不安を感じる方が多いと感じます。

　金融系中小企業診断士は，このように「難しくてよくわからないブラックボックス的な金融支援の手法」を熟知しています。それがブランド力になり，

事業者から金融支援に関する相談が多く寄せられます。時には，金融機関サイドの都合で事業者にとって最適とは言えない金融支援の提案があることも事実です。こうした時には，金融機関の担当者と交渉して，事業者にとって真に最適な金融支援に切り替えてもらいます。それにより，事業者からの信頼を勝ち取れます。このように，「金融に強い」というブランド力は，金融系中小企業診断士の大きな強みです。

③ 金融機関の理屈・思考・言語・事情・立場・本音を理解したうえでの金融交渉力

　これこそが金融系中小企業診断士の最大の強みだと感じています。金融機関はお金を貸して返してもらうまでが仕事で，その過程の中で，さまざまな理屈や考え方が生じます。その時々の取り巻く状況によって，金融機関や担当者としての事情や立場も変わります。「プロラタ返済」や「実抜計画（じつばつけいかく）」など，難しくて金融業界独特の言語も多く存在します。そして何より，金融機関の担当者と交渉する中で，昔の自分の姿と重なり，担当者が思っている本音が透けて見えるほどよく理解できます。

　金融機関は他業種からの転職が難しい業界なので，金融機関に入ることができるのは，新卒時に限られるケースが多いです。それゆえ，金融機関としての経験やそこで得たノウハウそのものが絶大な参入障壁になり，中小企業診断士としての差別化，競争優位性につながります。

コロナ禍以降，企業の資金繰り悪化でさらに高まる金融系診断士のニーズ

　2023年の夏以降，コロナ融資の返済が本格化して，多くの事業者から資金繰り対策の相談が寄せられています。

　本来ならば，こうした時に事業者と金融機関の担当者が真っ先に相談できる関係性が構築されているのがベストです。しかし，コロナ禍の数年間は，金融機関の担当者による顧客訪問を禁止していた金融機関も多かったため，その間に，事業者と金融機関担当者の関係性が希薄化してしまい，「誰に相談したらいいのかわからない」という事業者も多いのが実態です。

さらに，今の金融機関は，コンサルティングや預かり資産セールスなどやることが山積みで，残業規制も強化されているため，事業者への金融支援にかけられるリソースが不足しています。

　このような状況なので，金融機関の担当者としても誰かに助けてほしいというのが本音だと感じています。例えば，コロナ融資を申し込む際に作成を義務付けられている「行動計画書」は，事業性理解の観点から，本来ならば金融機関の担当者が作成するのがベストですが，「作成する時間がないので一緒に作成してもらえないか？」とご依頼を受けることも多いです。まさに，そこにこそ金融系中小企業診断士に対する強いニーズがあると思っています。

　このような，金融機関にとっては世知辛い外部環境を「機会」と表現することは，金融機関の出身者としてはよくないのかもしれませんが，金融系中小企業診断士に対するニーズが必然的に高まっていることを，日常から事業者と接している中でひしひしと感じています。

これから

金融に強い中小企業診断士として

　今のところ，税理士法人内での本業に集中し，副業や開業はまったく考えていません。「金融に強い中小企業診断士」として，経営改善や経営再生の領域に特化していく戦略です。

　「社内診断士」を続ける理由は，当社は石川県内で最大の会計事務所で，優秀な税理士が多く在籍し，地域における知名度や信用力も高いため，当社に在籍していた方が色々な仕事が舞い込んできて，社内のリソースも活用しながらおもしろい仕事ができるためです。金融機関に18年勤務したキャリアと経験を活かし，金融機関との関係性を更に強化して，金融機関からのニーズに応え，金融機関からの仕事を増やしていこうと考えています。

　また，中小企業診断士に限らず，どんな仕事でも最も重要なのは，「人間関係」です。これからも，この考えを大切にして，事業者と金融機関の双方のニーズに応えながら，時には双方の利害関係が対立するような場面でも，双方

に対して誠実な対応と高品質な成果にこだわっていく所存です。

Message

　私は，39歳で安定した金融機関を退職し，中小企業診断士の勉強を始め41歳で合格しました。中小企業診断士になって約２年が経ちますが，自分のキャリアで培ってきた強みが活かせ，金融機関出身という経歴すらも強みにでき，周囲からのニーズも高く，事業者の力になれて，充実した毎日を過ごしています。これも，金融機関の経験と中小企業診断士の資格のおかげです。私にとって，転職は大成功でした。

　キャリア選択は人それぞれで，正解はありません。最終的には，転職して結果を出せるかどうか，楽しめるかどうかです。転職が成功しても失敗しても，完全な自己責任です。ただ，もし金融機関に勤めている中小企業診断士の方で，現状にモヤモヤしている方がいらっしゃるようであれば，ぜひこう伝えたいです。

　「勇気をもって組織を飛び出そう！　今は，金融機関で培ってきたキャリアとノウハウをフル活用できる時代です！　ニーズもあって忙しくて楽しいですよ！」

FILE 8

資金を貯めて計画的に独立開業。
IT リスキリングで180度違う世界へ

青木洋輔

わたしの履歴書

▶現　　在：FP Supporters 株式会社代表（東京都）
▶業務内容：中小企業向け経営支援／経営計画
　　　　　　策定／ WEB マーケティング／ IT
　　　　　　導入・実行支援／ M ＆ A 仲介・
　　　　　　FA ／起業検討者専門ライフプラ
　　　　　　ン実行支援　等
▶登録年次：2015年（当時34歳）
▶受験歴：１次２回／２次１回

2006年	新卒でソニー生命入社。１年の本社勤務の後，名古屋と新宿での代理店営業を９年間，取引先の証券会社への出向を３年間，そして本社の代理店営業教育部での勤務を１年４カ月間経験
2012年	中小企業診断士試験の勉強を開始
2013年	１次試験一部科目合格
2014年	１次，２次試験に合格
2019年	38歳でソニー生命退職。１年リスキリング等
2020年	39歳で FP Supporters 株式会社設立

これまでのキャリア

新卒で生命保険会社に

2006年に新卒でソニー生命保険株式会社に入社しました。

新人教育を1年受け，名古屋と新宿での代理店営業を9年間，取引先の証券会社への出向を3年間，そして本社の代理店営業教育部での勤務を1年4カ月間経験し，退職しました。その後1年間のエネルギーチャージとリスキリングを経て，2020年6月に起業し，独立しています。

生命保険会社で，最も長く経験した業務は代理店営業です。自社の生命保険を取り扱っていない事業者に対して自社の生命保険販売代理店としての取り扱いを促進するための営業活動や，取り扱いルールの指導，販売方法の研修などを行いました。キャンペーンを使った販売促進だけでなく，販売方法の指導，人材育成，マーケティング支援など，代理店固有の課題解決をサポートしてきました。

いったん自らの希望により取引先の証券会社に出向した後，本社に戻り，その後は研修業務に携わりました（代理店営業担当者向けの研修や，新入社員研修の他，各地の営業所で代理店向けの法人・相続事業承継の研修など）。さらに，学生時代に専攻したデータ分析を活かして施策の効果検証を行うなどもしていました。

生命保険会社での業務経験と中小企業診断士

「中小企業診断士の仕事において，生命保険会社での業務経験が活かされていますか」と聞かれると，悩むところです。強いて言うならば，代理店営業で得た，相手の課題に共感しながら解決策を探るアプローチや，相手に行動を促すスキルは活きているかなと思います（データ分析に関しては，退職後に学んだプログラミングとあわせて，デジタルマーケティングの分析や，データ分析研修講師の仕事に活かせています）。

中小企業診断士を志したきっかけ

熱帯魚小売店を経営していた父の死

　2011年，田舎で熱帯魚小売店を経営していた父が病気で亡くなりました。高血圧と糖尿病を患っていたにもかかわらず，会社の経営が苦しく，治療を後回しにしていたことが，大きな要因です。

　父が亡くなり，法人の整理や残された母親の生活が落ち着いてきた頃，「なぜこのようなことになったのか」「どうしていたら，このような状況にならずに済んだのか」をよく考えるようになりました。

　その1つの結論として，経営が苦しくなった時に，経営について相談できる誰かが近くにいたならば，違う結果になっていたのではないかと考えるようになりました。

　その後，中小事業者の支援につながる資格の1つとして，中小企業診断士という資格を知りました。父の性格と父と私の関係を考えると，自分がもし中小企業診断士の資格を持っていたとしても結果は変わらなかったのでしょうが，父の会社が苦しい状態にあることをわかっていながら，何もしなかった自分に対しての後悔があり，自分の心の「しこり」のようなものを解消するためにも，資格取得をしようと決めました。

合格するまで

独学2年で合格

　2次試験の合格まで，約2年かかりました（2012年の夏頃から勉強を始め，2013年夏の1次試験では一部科目合格，2014年に1次，2次試験に合格）。

　当時30代前半で，会社の中では中堅の立場であり，仕事量も多かったので夜に勉強することが難しく，資格の予備校などに通う余裕はありませんでした。

　1年目は，なかなか勉強時間が確保できず，1次試験で全科目合格できませ

んでした。そこで，2014年夏からは，平日始業前の朝6時半から，会社近くのカフェで毎日1時間半程度，勉強することにしました。

　平日は毎日休まず市販のテキストを読み，問題集を解きました。幼い子どもがいたので，休日は家族との時間を優先していましたが，試験1カ月前からは土日のどちらかを勉強に充てました。

　学習に利用していたツールは，市販のテキストと月刊誌「企業診断」（同友館）です。その他，2次試験用の模擬試験を2度受けました。

合格後

希望した異動が叶う

　生命保険会社では，中小企業診断士の資格は取得推奨資格ではありませんでした。それゆえ会社に報告することもなく，「せっかく合格したので，コンサルティングの経験を積むため転職活動をしよう」と思っていました。その矢先，希望した異動（取引先証券会社への出向）が叶い，思い留まりました。

　出向先の証券会社でも中小企業診断士は取得推奨資格ではなく，名刺に乗せることもありませんでしたが，勉強で得た知識が活きる場面は多々ありました。

　出向先では2部署の新規立ち上げに関わりましたが，その1つである法人営業部隊を立ち上げる際，メンバー育成や営業のアプローチトークに財務・会計や中小企業政策の内容を使い，また営業先の課題の把握・整理に運営管理や企業経営理論で学んだことを活かすことができました。

準備資金を貯めて38歳で退職

　父が自営業だったせいか，子どものころから自分が1つの会社に長く勤めるというイメージが持てませんでした。ソニー生命で働き始めた当初から，「独立するなら40歳までに」と考えていました（その時はもちろん，中小企業診断士として独立するとは考えてもいませんでした）。

　出向から本社に帰ってきた後，「中小企業診断士の資格をとったからには中

小企業支援がしたい」と考えました。本来は，副業開業から始めたかったのですが，副業が会社に認められなかったため，退職を決意しました。

　退職が実現できたのは，独立するために計画したライフプラン上の目標を達成できたからです。

　ソニー生命では，保険の設計前にライフプランを作成することを重視しており，私も自身のライフプランを策定していました。

　作成したライフプランは毎年見直しを行っていますが，28歳で結婚した時に作成したものから大きな変更は今もありません。当時のライフプランでは，子供2人，40歳での独立，独立後の手取りを500万円と想定。教育費の心配が不要で，老後の資金も一定量を準備できる条件を満たす40歳時点での積立目標金額や，それを達成するための毎月の投資・貯蓄額を計算して，積み立てを進めてきました。そして，近年の良好な運用環境のおかげで，計画よりも2年前倒しで目標金額に到達することができました。

リスキリングとしてプログラミングスクールに通う

　退職を決意した際，中小企業診断士として活動をしていくことは決めていたものの，具体的にどのように収益をあげていくかは考えていませんでしたが，1つだけ決めていたことは，「生命保険販売で収益をあげることはしない」ということです。

　生命保険は多くの法人にとって必要なものですし，その必要性はよくわかっているつもりです。これまでのキャリアを考えれば，生命保険販売を主な収益源として考えるべきなのかもしれません。しかし，生命保険販売とコンサルティングを並行して行うことの難しさもよく理解していました。過去の経験から，生命保険を扱うことで，顧客の課題解決策が生命保険に依存してしまうケースを多く見てきましたし，実体験としても持っているからです。私には，生命保険を販売しながら，コンサルティングはできないと考えました（もちろん，それができる人もいると思います）。

　そうなると，これまでのキャリアはいったんおいておき，「リスキリングが必要だ」と考えました。

　その候補としてIT分野の教育（プログラミングスクール）が真っ先にあが

りました。その理由は，IT に関し中小企業と中小企業診断士の需給ギャップが大きい（IT に関し課題を抱える中小企業が多い一方，IT に強みをもつ中小企業診断士が少ない）ことがわかっており，また私自身プログラミングへの苦手意識もなく興味関心も高かったからです。

　退職後，雇用保険の教育訓練給付制度を利用しました。この制度のおかげで講座費用の大部分が補助され，失業手当や教育訓練支援給付金も受け取ることができました。獲得したプログラミングのスキルは，現在のサービス提供の基盤となっています。

法人立上げと最初の仕事

　プログラミングスクールを修了した後の2020年6月に，FP Supporters 株式会社を設立しました。

　最初の仕事は，プログラミング関連の案件でした。ソニー生命の先輩からの紹介で，ライフプランソフトの開発を予定している企業が，ファイナンシャルプランニングとプログラミングの双方の知識を持つ人材を求めていたため，この案件を受けることができました。この仕事は約2年間続き，安定した収入源となりました。

中小企業診断士としての初仕事はコロナ関連

　中小企業診断士としての初めての仕事が入ったのは2020年10月です。

　当時，コロナ禍の影響を受けて半年が経過し，国や自治体が中小企業の支援策を次々と打ち出していました。その中で，地域診断士の会で知り合いになった先輩中小企業診断士から，ある商工会のコロナ特別相談窓口の仕事を紹介してもらいました。さらに，コロナ対応補助金関連の事務や審査の仕事も多く，中小企業診断協会や私が所属する地域診断士の会からの紹介を受けて務めました。

　独立後，すぐにプログラミングと中小企業診断士の継続的な仕事をいただき，経験を積むことができました。しかし，独立前やリスキリング時に仕事を獲得する動きをしていなかったので，ただ「運がよかった」と感じています。

もし，資金準備もなく，独立後に当面仕事がなかったら，アルバイトなどを
する必要に迫られ，コンサルティングの実績をなかなか積むことができなかっ
たかもしれません。

公的な仕事で安定した収入が得られるように

　商工会，過去に支援した事業者，地域診断士の会，そして先輩中小企業診断
士からの紹介により，プログラミングの講師，公的支援の専門家派遣，セミ
ナー講師としての仕事があり，現在は安定した収入を得ることができています。

＜仕事の割合＞

- 専門家派遣に関する仕事（自分が専門家として派遣されるものと，専門家派遣
  事務局のコーディネーターとして専門家を派遣するもの）（売上の50％）
- 中小企業や独立希望者とのコンサルティング契約による仕事（売上15％）
- セミナー等中小企業向けの仕事（売上の15％）
- 中小企業へのIT関連サービス提供（売上の10％）
- プログラミング講師（売上の10％）

　主な収益源は，専門家派遣に関する仕事ですが，これらは東京都や商工会等
の公的機関からの受注であり，いつまでも存在する仕事として期待しないよう
にしています。とはいえ，今の収益源が突然なくなったとしても，それなりに
経験は積んできましたし，中小企業基盤整備機構や東京都中小企業振興公社等
で臨時職員の仕事があったり，中小企業診断協会でも仕事の紹介があったりす
るので，ゼロになるとまでは想定しておりません。不安はありますが，家族を
養う程度は，なんとかなるかなとは思っています。

▶セミナーの様子

これから

中小企業診断士の仕事の醍醐味は「自由さ」

　中小企業診断士の仕事は「診る（コンサルティング）」「書く（執筆）」「話す（セミナー講師）」と言われますが，もっと自由でよいと考えています。

　最近では，コンサルティングだけでなくハンズオン支援の重要性が言われています。また，自ら事業者に出資して経営に参画することもできます。中小企業支援という枠組みで考えれば，コンサルティングに限らず，商品やサービスを提供しても良いのではないでしょうか。この自由さが，中小企業支援の醍醐味だと思っています。

　中小企業は常に様々なリソースが不足しています。そして事業者にはリソース不足を解消するための十分な資金がありません。事業者と共に，課題を整理し，結果につながる実現可能かつ具体的なアクションを定め，実行を促し，あるいはともに実行する。結果がでたときには，「この仕事をやっていてよかった」と心から思えます。一緒になって喜べたり，感謝の言葉をいただけたりするのも，やりがいにつながります。

常に「学び」が必要

　中小企業支援の分野には常に新しい考えやツールが登場しています。新しい知識やスキルの習得はいつでも可能で，これを継続することが中小企業の支援者としての存続の鍵だと考えています。

　例えば，プログラミングをスクールで学んだ後も，専門家派遣を通して，デジタルマーケティング，WEB，ノーコード・ローコードアプリ等，IT関連のスキルを習得してきました。

　また，経営革新等支援機関の認定を受けるための中小企業大学校のプログラムで経営計画の策定を学びました。ほかにも，支援活動を通じて，M&Aに関する実務経験を複数積み，M&Aシニアエキスパートの資格も取得しました。

　中小企業の課題は多岐にわたります。受験時代よりも，もっと勉強すべきことがたくさんあると痛感しています。

これからは，自社サービスの割合を増やしていきたい

　前述の通り，現在は売上の約50％が専門家派遣関連です。この割合を25％に抑え，直接のコンサルティング契約やITサービス提供による売上を増やしていくつもりです。

　専門家派遣関連は，国の施策により仕事量が左右されますし，報酬もある程度で抑えられているのが実情です。シングルの方や，子供が独立している方であれば十分に生活はできると思いますが，私の場合は子供がまだ教育費等かかる年齢なので，それなりに稼ぐ必要があります。会社員時代の可処分所得を超えていくためにも，価格決定権があり，時給で売上が決まらない仕事を作る必要があると考えています。

　本書を手にされた方の中には，中小企業支援に意義を感じ，熱意をお持ちの方もいらっしゃると思います。

　中小企業診断士の仕事は，その気持ちに応えられる仕事であることは間違いありません。

　しかし，独立した中小企業診断士が十分に稼げるかというと，私の知る限り，ごく一部の人に限られています。

　中小企業診断士の年収に関し，いくつか統計データがあるのですが，そのデータは独立した中小診断士の回答のみで構成されていません。コンサルティング会社や金融機関でお勤めの方の回答も含まれています。独立した中小企業診断士の実態は，実際に中小企業診断士として独立している複数の方にお聞きになるのがよいかと思います。

　39歳で独立した私は，独立診断士としては比較的若いほうです。定年後に診断士として独立する方が多いので，年齢だけで他の診断士の方と差異化できる上，支援機関の担当者が20代〜40代の方がメインであることもあって，声をかけやすいようです。

　また，IT分野の支援に関しては，事業者の支援ニーズも多い一方，対応できる診断士が多くないと聞きます。年齢が若ければ，新しいツールへの対応もし易いと思います。私はIT業界での業務経験はありませんが，IT分野の支援案件についてオファーをいただくことが多く，支援実績を作ることができました。

　このように，若いだけでも競争優位を構築することができます。私のように，前職の経験で独立することが難しいと感じている方は，リスキリングすることで強みを作ることもできます。若ければ独立することも難しくありません。

　ただ，守るべき家族のいる方は家族との生活に支障がないように，しっかりライフプランをたて，独立資金と最初の仕事獲得への準備をされることをおすすめします。

FILE 9

企業内診断士として構築した人脈が，今も活きる。セミナーや書籍執筆も多数！

川居宗則

わたしの履歴書

▶現　　在：経営デザインコンサルティングオフィス株式会社代表取締役（東京都）
▶業務内容：セミナー4割，執筆2割，専門家派遣3割，窓口相談1割
▶登録年次：2009年（当時44歳）（開業は2020年（当時55歳））
▶受 験 歴：1次1回／2次2回

1987年	慶應義塾大学卒業後，三井銀行入行。主に融資業務に携わる
1996年	阪神淡路大震災後の関西審査部にて地域復興支援に従事
2008年	大森支店融資課長時代に診断士試験1次合格
2009年	2次試験合格、登録。銀行内の企業内診断士として活動 東日本大震災後は，気仙沼の復興支援にかかわる
2020年	2カ店支店長を歴任後，三井住友銀行を55歳で円満退職
2020年	東京都世田谷区に「経営デザインコンサルティングオフィス」設立
2022年	『元メガバンク支店長だから知っている銀行融資の引き出し方』（幻冬舎）出版，他執筆多数

これまでのキャリア

２カ店の支店長を経験

　慶応義塾大学卒業後，三井銀行（現　三井住友銀行）に入行しました。金融機関を選んだのは，さまざまな業種の方と知り合えてステップアップできることに魅力を感じたからです。

　入行後は，主に融資業務に携わりました。

　1996年には，阪神淡路大震災後の地域の復興のための増員として派遣され，関西審査部にて地域復興支援に従事，大被害を目のあたりにして愕然とした思いを抱きつつ，ゼロからリスタートする中小企業の事業計画策定に100社以上関わりました。

　この経験が，私のライフワークである気仙沼支援にもつながっています。

　その後，２カ店の支店長を経験後，2020年に55歳で円満退職し，経営コンサルタントとして独立しました。

診断士取得を決めたきっかけ

経営者課題をもっと解決したい！

　中小企業診断士を取得しようと思ったのは，大田区の大森支店で融資の課長をしていたときです。ご存じの通り，大田区は町工場が多くあります。経営者と話すうちに，金融機関ができることは限られていると感じることがありました。お金を出すだけではなく，経営者の右腕にならないと経営の中枢に入り込んで経営を改善することはできません。

　「経営者が課題に思っていることを解決したい」という思いで，中小企業診断士試験挑戦を決めました。

合格するまで

1次試験1回，2次試験2回

　中小企業診断士試験の前にも，「自分に武器を身につけたい」と宅建試験やFP試験などに合格してきていました。また，金融機関には周囲にも勉強している方が多くいたので，働きながら勉強することに抵抗はありませんでした。

　1年目は水道橋の資格の大原に通い，1次試験に一発合格することができました。しかし，2次試験に落ちてしまいます。

　2年目は池袋のTACに通いました。銀行での普段の仕事で社長にヒアリングする時なども2次試験の事例を想定しながら業務にあたるようにしていました。

　中小企業診断士試験の受験勉強の内容と金融機関での仕事は，非常に相性がよいです。勉強することがすぐに仕事に活き，仕事で実際にあったことが勉強に活きました。

仲間とのつながりが2次試験合格につながる

　2年目は，早帰りの水曜日に自習室を利用したり，日曜日は1日中自宅学習をしたり，スキマ時間を使ったり，仕事以外は勉強中心の日々でした。幸い，子どもが手離れしていたので，予定を伝えておけば家族が応援してくれたのも心強かったです。

　また，TACの池袋では，受験生6人がチームになり，お互いに事例問題を作りあったり，池袋に場所を取って議論をしたり，切磋琢磨しました。金融機関以外にも，さまざまな業界の方と知り合うことで，違う視点を持つことができたのは有益でした。特に，金融機関にいると，どうしても製造業に弱いです。製造業の現場を視察することはありますが，どのように工程管理をするかなどはあまりわかりません。そのような中で，製造業の方がいらっしゃったのは助かりました。

合格後

銀行の企業内診断士として11年活動，企業内診断士の会を組織

　合格後は，報奨金制度もあったので，勤め先の金融機関に合格の旨を伝えました。

　当時は副業制度がなかったので，銀行の企業内診断士として11年ほど活動しました。アサヒビールやNECなどで企業内診断士の会が立ち上がっていた時期で，私も知っている人に声をかけ，三井住友銀行内で企業内診断士の会を組織することにしました。結果，当時20人程度が集まりました。

気仙沼支援

　私が中小企業診断士に合格して2年後の2011年，東日本大震災が起こりました。阪神淡路大震災の翌年に神戸に赴任した経験もあって，「自分に何かできないか」を模索していたところ，知人が気仙沼支援の活動をしていました。

　「まずは現地に行きましょう」と言われ，診断士仲間を30人ほど集めて支援に行きました。震災で壊滅的打撃を受け，その後の観光客の激減で痛手を負った3つの商店街に対し，「何ができるか」を考えました。

　商店街の方々と中小診断士仲間で立ち上げたのは，「気仙沼バル」という飲食のイベントです。開催のために，年間10回ほどは気仙沼に足を運びました。イベントは，今でも毎年続いていて，まさにライフワークになっています。このイベントに関わった診断士は200名を超えていて，素晴らしいネットワークにもなっています。

　私自身は気仙沼に地縁はありませんが，多くの知り合いもでき，今では「第2の故郷」になっています。

▶ 気仙沼でのイベントの様子

　ちなみに，この経験が，『企業内診断士，被災地での挑戦―「気仙沼バル」成功の裏側』（共著，同友館）にもつながっています。

役職定年を機に独立コンサルタントとして開業

　金融機関はいつ肩たたきにあうかわかりません。40代後半くらいからは，「いつ『もういいよ』と言われるかわからないから，資格を活かす準備をしておこう」と思っていました。幸い，50歳を過ぎても2カ店で支店長を経験させていただきましたが，54歳で支店長が終わり，その後役職定年という形で退職金をもらって独立しました。

　企業内診断士として，中小企業診断士活動をしてきていたので，中小企業診断士協会とはずっとつながってきました。開業時には，支部や地元診断士会で人脈がすでにある状況でした。

　開業後すぐに地元診断士会から依頼され，世田谷区の経営相談の仕事を開始しましたが，ちょうどコロナ禍の時期で，コロナ融資の相談がたくさんあったので，まずまず順調な滑り出しでした。

　また，協会のつながりで専門家派遣の仕事を受けたりもしました。中小企業基盤整備機構や，東京都中小企業振興公社の専門家派遣の仕事に手を挙げて採

用になったりもしています。こういった採用においては，金融機関の経験が非常に評価されたと感じたので，「勤め上げてよかったな」と思いました。

営業活動も積極的に

　相談業務や専門家派遣の仕事はあるものの，「プロコンとしての経験をもっと積みたい」という思いがあり，コロナ禍が落ち着いてからは積極的に営業活動もしました。そもそも，銀行時代も新規取引開拓のため，アポなし訪問やドアノック営業をしていました。そのため，営業活動に抵抗はなく，世田谷区の税理士事務所を30件くらいはまわったと思います。ほかにも，商工会議所にセミナーの提案をしたり，異業種交流会に参加したりもしました。

　ただ，中小企業診断士としての営業で感じたのは「これまでは，自分が銀行の看板を背負っていた」ということです。中小企業診断士としては，ゼロスタートです。「何をアピールするか」が決まるまで，営業活動も試行錯誤でした。そのとき，気仙沼復興支援の話がプラスになりました。社会貢献について興味をもっている方が多く，図らずも話を聞いてもらうきっかけになりました。

開業してよかったこと

　開業してよかったことは，時間が自由になることです。土日関係なく働きますが，自分のペースで仕事をすることができるのがよいです。趣味のマラソンは，会社員時代は出勤前にしていましたが，その縛りがないのにも充実感を感じています。

現在の仕事について

支店長経験者としての体験談が好評で，セミナー登壇が増加

　独立して4年目になりますが，セミナーと執筆の割合が多くなっています。最初は地元中小企業診断士会の推薦で，商工会議所の世田谷支部でセミナーし

たのですが，支店長経験者としての銀行との付き合い方についての話が思いの
ほか好評で，次々に依頼が来るようになりました。「金融機関との付き合い方
はどうすべきか」「コロナ禍における資金繰り対策」「支店長と面識を持つには
どうすべきか」など，銀行員からすれば普通のことなのですが，中小企業の経
営者にとっては悩みの種だったようです。

　自分が思っていたところと，自分が世の中に求められているニーズは違うと
いうことに気づいた3年間でした。

雑誌執筆，書籍執筆

　セミナー活動と同じく，雑誌執筆をつづけることで，単著での書籍の執筆に
もつながりました。「商業界」（商業界，現在休刊）「近代セールス」（近代セー
ルス社）「銀行法務21」（経済法令研究会）等に執筆しているのですが，それを
幻冬舎の編集者の方に見ていただいたことで，『元メガバンク支店長だから
知っている銀行融資の引き出し方』の出版につながりました。おかげさまで重
版もしています。出版のよいところは，自分のブランディングになるというこ
とです。特に単著の本をお渡しすると，相手の方に信頼感を持ってもらいやす
いと感じています。

これから

気仙沼の復興をライフワークに

　気仙沼の復興をライフワークと考えています。「企業内診断士の時はできた
けどプロコンになって忙しくなって来ない」と言われないように，優先的に時
間を確保するようにしています。

　気仙沼は，震災後の復興というだけでなく，少子高齢化による人口減少とい
う問題にも直面しています。「第2の故郷」を元気にしていくために，金融機
関出身の中小企業診断士として尽力していきたいと考えています。

　金融機関に在籍していると，多くの企業と知り合うきっかけがあります。その経験が必ず中小企業診断士として活きてくるでしょう。窓口相談や専門家派遣においては，相談に来る業種や業態を自分で選ぶことができません。金融機関にいた経験は，必ず役立つと思います。

　また，お金は企業にとっての「血液」です。いわば「健康診断書」である決算書を見て，ちゃんと血流を流さなければ，企業は病気になってしまいます。お金関係の相談は非常に多いです。金融機関の中にいると気が付きにくいですが，決算書を見て判断できることは，非常に大きな強みです。

FILE 10

地銀系で異例のコンサル会社で プロコンとして活動

平宅栄三

わたしの履歴書

▶現　　在：Cキューブ・コンサルティング勤
　　　　　務（ちゅうぎんフィナンシャルグ
　　　　　ループ系列）
▶業務内容：地域企業・自治体のコンサルティ
　　　　　ング
▶登録年次：2019年（当時35歳）
▶受　験　歴：1次2回／2次1回

2007年	岡山大学経済学部卒業後，中国銀行入行。入行して約8年間は，営業店で勤務。融資事務，エリア渉外，法人を対象とした融資渉外を担当
2015年	中国銀行リスク統括部（現コンプライアンス・リスク統括部）に異動，岡山大学大学院（MBA）に入学
2017年	岡山大学大学院（MBA）を取得
2018年	1次・2次試験合格
2019年	中小企業診断士登録
2023年	グループ子会社として2022年9月に新設したコンサル会社，Cキューブ・コンサルティングに志願して出向

これまでのキャリア

出身地を営業エリアとする中国銀行に入行

　私は，岡山大学卒業後，岡山に本店を置く地方銀行の中国銀行に入行しました。中国銀行を選んだ背景は大きく3つあります。まず，金融に興味があったこと，次に出身地の香川県と在学期間を過ごした岡山県の2つの地元を営業エリアとしていること，最後に企業再生支援などの実績が近隣地銀と比べ豊富であったことです。銀行業務を通じて地域経済活性化の役に立てるのではないかと考えていました。

　初任店として着任した丸亀支店（香川県）では，融資事務を1年，エリア渉外を2年6カ月担当しました。丸亀支店では，社会人としての教養や銀行業務の基礎を学びました。

　次に着任した観音寺支店（香川県）では，4年4カ月の間，主に法人を対象とした融資渉外を担当しました。融資渉外では，融資の提案だけでなく，お客さまの業務改善や業績向上に向けてさまざまな提案を行っていました。例えば，新商品開発に必要な設備導入を検討する製造業者に補助金申請を支援したり，他県での新規出店を目指す小売事業者に用地紹介事業者をアテンドしたり，新規販路開拓ニーズのある卸売業者に販路を紹介したりといった提案を行っていました。

銀行派遣でMBA取得

　約8年に亘り支店での業務に従事する中で，お客さまからいただく感謝などから仕事の面白さ・やりがいを感じていた一方，課題も感じるようにもなりました。具体的には，銀行業務は営業行員の経験などに提案品質が大きく左右されるため，経験の浅い行員などにバトンタッチした後に，お客さまの満足度が下がるケースが発生することです。銀行では，不祥事件防止の観点から営業担当エリアを定期的に入れ替えするため，そのタイミングで発生することが多いです。

そんな課題意識を持ち始めた頃，銀行派遣で岡山大学のMBAを取得できる選抜試験のことを知りました。課題を解決するには銀行の営業体制など組織経営の観点から検討する必要があり，これを学ぶよい機会と考えたことから，MBAに応募しました。

　試験の結果，MBAへ入学できることとなり，通学のため岡山の本部内にあるリスク統括部（現　コンプライアンス・リスク統括部）に異動しました。なお，MBA入学時点で私には妻と1歳未満の子供がおり香川県で一緒に暮らしていましたが，学業に専念するため，MBA入学と同時に岡山での単身赴任となりました。そのため，MBA取得までの間，週1回香川県に帰るのみで育児など妻に頼りきりで，家族には大きな負担をかけました。それでもMBA取得に向けた決断を後押しし応援してくれた妻には，今でも本当に感謝しています。

　MBAでは，経営戦略や人的資本管理など，当初の目的であった組織経営に関わる体系的な知見とともに，物事の本質に焦点をあてて考える視座を養いました。また，様々な業種・職位・バックグラウンドの同期入学の仲間との交わりを通じて，多様な考え方・視野が身についたと感じています。

中小企業診断士を志したきっかけ

勉強習慣を絶やさないために

　MBA修了までの2年間は，定時まで仕事をした後に大学に通う生活が続きました。加えて，修士論文を書き上げるために，経営理論や先行研究の調査，研究対象へのアンケートやヒアリング，回帰分析などに取り組みました。そのため，休日も含め仕事以外の時間を多く費やす必要があり，かなり大変な2年間だったと記憶しています。この過程で始めた，午前4時半に起きて勉強をするという習慣は，今も続いています。

　そのため，MBAを取得した後，「あれ？」と思うくらい時間ができました。もちろん，増えた時間はこれまで十分でなかった家族と過ごす時間に充てていたのですが，特に「せっかくできた，早起きして勉強をする習慣は無駄にしたくない」と思っていた時に，会社の先輩から中小企業診断士の資格取得をすす

められました。

　先輩から話を聞いた際，中小企業診断士であれば，MBAで学んだ経営に関する知見を活かすことができ，加えて，より実践的な知識も身につきそうだと考えました。また，国家資格を持つことで，お客さまが一層安心して経営相談しやすくなるのではないかと思いました。

　ちょうど，営業店時代に持っていた営業体制面の課題意識については，本部勤務を通じて取り組みに関わるようになっていました。そこで，次のステップとして，中小企業診断士試験に挑戦することを決めました。

　受験初年度は，試験の申込期日ぎりぎりの5月末に受験を決断したため，準備期間が2カ月と短期間であり，ひとまずTACの市販テキストを使って独学でチャレンジしました。その年は，1次試験7科目のうち，4科目合格という結果になりました。

　不合格の結果を受け，「次年度に必ず合格するためにどうやって勉強しようか」と考えていたところ，銀行から「資格取得支援学校と提携した中小企業診断士試験対策講座を設ける」というアナウンスがありました。講座を設けた背景は，より高度なお客さま支援実現に向けて，行員のコンサルティングスキル向上を支援したいとのことでした。まさに「渡りに船」でした。早速申し込み，講座を受講した結果，晴れて2年目の受験で中小企業診断士試験に合格することができました。

2次試験のポイントはお客さまとのコミュニケーションと同じ

　「中小企業診断士試験は2次試験が難しい」と言われます。多分に漏れず，2次試験対策を始めた当初は，私も同様に感じていました。しかし，2次試験を「お客さまとのコミュニケーションに関する設問」と捉えることで，苦手意識がなくなりました。

　具体的には，2次試験の与件文はお客さまとの対話から得た経営課題に関する情報と捉え，必ずしも整理されていない内容を構造化して体系整理し，設問上の文字数制限を踏まえ要約して受け答えする，ということを意識して取り組みました。その結果，2次試験は1回で合格できており，この考え方はポイントの1つではないかと思っています。

ちなみに，先ほどのポイントを押さえた解答能力を養うために『ふぞろいな合格答案』（同友館）が私にとっては非常に役に立ちました。

勉強を支えたもの

　資格勉強に対するモチベーションは，先に申し上げたように勉強をする習慣が身についていたため，そもそも高かったように思います。加えて，「資格取得を通じて，よりお客さまと膝をつき合わせたコミュニケーションがしたい」と思っていたため，モチベーションが下がることはありませんでした。

　また，ここでも快く勉強する時間をくれた家族の支えがあったこともモチベーション維持に大きな影響があったため，挑戦には家族の理解や支援が大切だと身に染みて感じています。

　ただ，科目の中には「経営情報システム」や「中小企業経営・政策」など環境変化に応じて内容が毎年変化するものもあるため，多年度受験による学習し直しの負担が大きく，モチベーションを維持することは簡単ではないと思います。ですので，1〜2年で合格できるよう，資格取得支援学校などを活用することもおすすめします。

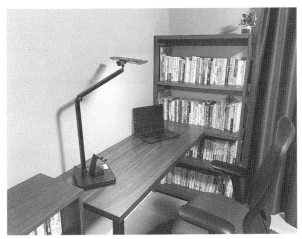

　▶　自宅の書斎は集中できるスペース

プロコンとしての活動開始

大手コンサル出身者を中心とした異例の地銀系コンサル会社

　プロコンとして活動を開始したのは，Cキューブ・コンサルティングに出向した2023年4月からです。

　Cキューブ・コンサルティングは，ちゅうぎんフィナンシャルグループ系列で，2022年9月に設立しました。DXやSX関連を中心とした高度なコンサルティングサービスを地元の事業者や自治体に提供することで，地域の持続的成長に貢献することを目的に活動しています。

　2023年12月時点の従業員数は23人ですが，その半数以上が大手コンサル会社出身者で，社長も外資系大手コンサル会社出身です。社長を含め従業員を銀行出身者で構成する他の地銀系コンサル会社と異なり，銀行内のリソースに拘らずに社外からコンサルティング人材を集めている点で，銀行系では全国初の取り組みの会社です。

　私自身，当社の設立プロジェクトに関わっていたことや，「MBAや中小企業診断士資格を活かしたい」「社外のコンサル人材の方々と共に取り組むことで，私でも地域のお客さまに対し付加価値の高いコンサルティングができるのではないか」との思いから，志願して出向することを決めました。新設かつ異例な取り組みの会社であり，順調にいくことが約束されているわけではありませんでしたが，ここでも家族の応援が後押しとなり，出向を決断できました。

現在の仕事

　Cキューブ・コンサルティングでは，コンサルタントとしてクライアントの経営課題支援に取り組んでいます。主なクライアントは，地域の中堅・中小企業や自治体です。

　主たる営業エリアである岡山・香川・広島は，産業構造において製造業の構成比が高い地域です。一般に，製造業者は，製造機械への設備投資だけでなく，生産管理や経営管理を支える基幹システムなどシステム投資を必要とします。

また，日本全体の問題でもありますが，労働生産性が低いため業務の維持・拡大に多くの人材が必要ですが，労働需要の高まりによる採用競争激化もあり人材採用に苦心しています。更に，SDGs の機運が高まる中，気候変動対策などサステナビリティの観点で，大手企業から $CO2$ 排出量の可視化や削減など対応を求められ始めています。そうした背景から，Ｃキューブ・コンサルティングでは，DX・SX 分野を中心にコンサルティングの提供をしています。DX は，デジタル・トランスフォーメーションのことであり，デジタルを活用して，業務改革のみならずビジネスモデルや企業風土をも改革し競争優位性を高めることを指します。また，SX は，サステナビリティ・トランスフォーメーションのことであり，自社の利益追求だけでなく，自社を取り巻くステークホルダーを含めたサステナビリティ（持続可能性）を重視した経営に転換することで，中長期的な企業価値を向上させることを指します。

我々が地域の中堅・中小企業から実際に受託した DX 分野の支援事例を１つ挙げると，ペーパーレス化と生産性向上を目的としたバックオフィス業務の改革構想策定支援があります。クライアントと一緒になって，クライアントの現状と目指す姿を整理し，目指す姿に沿ったシステム選定とシステム導入計画を策定する取り組みを支援しています。

また，自治体に対する支援事例としては，例えば岡山県内のとある市町村に対する脱炭素先行地域申請支援などがあります。地域の産業育成や脱炭素推進といった地域を面で捉えた自治体の取り組みを加速させるべく，コンサルティングの立場から課題解決を支援しています。

Ｃキューブ・コンサルティングにおける受託事例は，ホームページ（https://www.ccube-consulting.co.jp/news/）に一部掲載していますので，ご興味のある方は是非ご覧いただけたらと思います。

中小企業診断士の資格取得経験が業務に役立っていること

中小企業診断士資格取得のために取り組んだ試験勉強は，コンサル業務において役立つことが多いと感じています。

まず，業種や規模などにより経営課題が千差万別なお客さまの課題理解にあたっては，１次試験で広範囲に勉強したことが役に立っています。製造業の

ケースで説明すると，生産管理面の課題は「運営管理」，海外子会社の経営管理面の課題は「経営情報システム」など，どんな課題を抱えているか理解するうえで必要な最低限の専門知識が身に付いたと思います。

　次に，お客さまの課題の整理にあたっては，2次試験で問われたポイントが役に立っていると感じています。お客さまは，対話を通じて経営課題を伝えてくれるのですが，お客さま自身が必ずしも体系立てて整理できていない場合も多くあります。そのため，対話内容から課題を構造化し論理的に整理し，お客さまと共通認識を醸成していくプロセスが重要となるのですが，この点で非常に役に立っています。

　もちろん，中小企業診断士に合格しただけでは十分ではなく，資格取得後も日々勉強することは必須です。デジタルやサステナビリティの領域は日進月歩で技術や動向が変わっていきます。例えば，デジタル観点では，AI やセンシング技術，クラウドサービスといった最新の技術・ソリューションの動向について理解を深めることが必要です。サステナビリティ観点では，脱炭素や生物多様性などに関する世界的な動向の把握が必要です。そのほか，クライアント企業が属する業界の市場環境や規制動向などを捉えていくことも必要です。このように，日々キャッチアップすべき点は多岐に亘ります。

　私は，こうした情報のキャッチアップのため，新聞や関連書籍を読んだり，インターネットで調べたり，社内等で詳しい人に話を聞いたり，セミナー・工場見学に参加したりしています。

やりがいを感じる瞬間

　プロコンとしてやりがいを感じる瞬間は，銀行業務では提供できなかった価値を提供でき，同じお客さまでも，より幅広い層の方々に喜んでいただけたときです。

　銀行業務では，一般に経営者や経理担当の方々とお会いし，ファイナンスやビジネスマッチングといった支援を提供します。一方で，コンサルティング業務では，よりお客さまの組織内部に入り込んで支援をするため，お会いするクライアントの方々は，経営者や経理担当の方だけではなく，工場や情報システム部門の方々などより幅広い層の方々になります。ですので，これまでお会い

する機会のなかった方々を支援し，喜ぶ姿を見ることができることは，これまで得られなかった新たなやりがいにつながっています。

　これからも，コンサルティングを通じて，より深く，幅広い領域で地域の役に立っていきたいと考えています。

Message

　中小企業診断士は，税理士など独占業務のある資格ではないため，資格取得だけで業務が成り立つかというと，そうではありません。

　ただ，私と同じ金融系出身者の皆さんが地域の支援にファイナンス以外の観点から取り組もうとする場合，中小企業診断士の勉強は体系的な知識を得られる絶好の機会となります。

　加えて，中小企業診断士は実務補習を通じて多様なバックグラウンド・専門性を持つ方と知り合う機会があります。私の場合，不動産鑑定士や製造業で生産管理を担う方などと知り合うことができました。MBA での経験とも重なりますが，多様なバックグラウンドや専門性に触れることで，銀行の中だけでは気付けない視点や人脈が築けることも魅力だと思います。

　決して難易度の低い資格ではありませんが，多様化する地域のお客さまの課題解決支援を志す読者の皆さんにとっては，取得する価値のある資格だと思います，是非チャレンジをしてください。

　最後に，地域のお客さまの課題解決支援は，1人ではなくチームで取り組むことで，より高度な支援が可能になると思います。中小企業診断士として独立し，個人で活動することも有意義だとは思いますが，組織に所属するプロコンとしてチーム単位での支援に取り組むことも有意義な選択肢です。組織への所属は，独立と比べて，家族の理解・後押しについても得やすいのではないかと思います。本書を手に取り，Cキューブ・コンサルティングが行っている地域の持続的成長に貢献する取り組みにご興味を持った方がいましたら，是非ご連絡いただきたいと思います。

中小企業診断士の履歴書〈金融業界出身者編〉

2024年4月20日　第1版第1刷発行

編　者　中　央　経　済　社
発行者　山　　本　　　　　継
発行所　㈱中　央　経　済　社
発売元　㈱中央経済グループ
　　　　パ ブ リ ッ シ ン グ

〒101-0051　東京都千代田区神田神保町1-35
電　話　03(3293)3371(編集代表)
　　　　03(3293)3381(営業代表)
https://www.chuokeizai.co.jp
印刷／東光整版印刷㈱
製本／㈲井上製本所

ⓒ 2024
Printed in Japan

中小企業診断士試験 ほらっちの独学合格ナビ

洞口　智行 [著]

● A 5 判 / 156 頁 ／ソフトカバー
● ISBN：978-4-502-41991-1

YouTube でも大人気のベテラン講師が中小企業診断士試験のギモンにお答えします！

Contents

中央経済社